UN CORPS SANS DOULEUR

DEUXIÈME ÉDITION

Christophe Carrio

DU MÊME AUTEUR

Dans la même collection

Sculptez vos abdos

Savoir s'étirer

Musculation athlétique

La meilleure façon de courir

Musculation haute densité

Mon plan forme et minceur

Aux éditions Amphora

Sports de combat

Echauffement, gainage et plyométrie pour tous

Équipe éditoriale : Elvire Sieprawski, Priscille Tremblais

Conception graphique et réalisation : Catherine Julia (Montfrin)

Photos : © Stéphane Bouquet

Imprimé par Qualibris / France Quercy, Mercuès, France - N° 31184

Dépôt légal : 2e trimestre 2012

ISBN 978-2-36549-007-8

Christophe Carrio, coach sportif, est un athlète de haut niveau, cinq fois champion du monde de karaté artistique. Il a suivi un cursus à la *National academy of sport medicine* aux États-Unis. Il coache aujourd'hui des centaines de personnes : sportifs de haut niveau, chefs d'entreprises, acteurs ou anonymes qu'il prend plaisir à entraîner afin de les aider à atteindre leurs objectifs sportifs.

TÉMOIGNAGES

“ *Pratiquant de sports de combat depuis plusieurs années et travaillant dans le bâtiment, j'avais accumulé différentes douleurs et principalement au niveau du dos et de type sciatique. Mes épaules se voûtaient, mon dos s'arrondissait un peu plus chaque année. « Je vieillissais », me disais-je. La lecture d'*Un corps sans douleur *fut prometteuse de jours meilleurs. Les résultats furent foudroyants : dès les premières séances mon corps s'est redressé, l'allure s'est améliorée et, bonheur, les douleurs se sont estompées. Avec moins de douleur, j'ai pu m'entraîner à nouveau, mieux, et c'est vite allé encore mieux ! Cet ouvrage clair, abordable par tous, il changera votre vie et votre pratique sportive. À mettre dans toutes les mains, à enseigner dans toutes les écoles, merci Christophe.* ”

PASCAL F., artisan du bâtiment, 47 ans

“ *J'ai découvert le livre* Un corps sans douleur *en juin 2010. Après des années de compétition dans des sports comme le football, le rugby, la force athlétique, et moi-même coach sportif devant véhiculer une image d'athlète en forme, j'ai décidé de commander celui-ci. J'avais déjà entendu parler des fascias mais je ne connaissais pas la manière d'agir sur eux. Le livre a réorienté ma façon de m'entraîner puisque j'ai compris grâce à lui l'importance fondamentale d'une bonne posture. J'ai essayé le programme. Au début c'est surprenant mais on apprend énormément sur son corps et ses réactions, sur ce qui est bon pour soi. Et ce, dans un seul but : être en meilleure santé et bien plus performant dans tous les domaines de la vie quotidienne. Je continue d'utiliser ce programme et je l'applique aussi professionnellement pour prévenir et soigner les troubles musculo-squelettiques de mes clients.* ”

MAXIME BRATANOFF, Coach sportif et pratiquant du Carrio Training System

❝ *Le 12 juillet 2010, j'ai eu un rendez-vous chez l'ostéopathe pour des douleurs aux genoux et à l'épaule. Résultat de la séance : mon corps présente des dissymétries entre la jambe droite et gauche au niveau du bassin. Même chose pour l'épaule; d'où mes douleurs. J'ai eu un autre rendez-vous le 20 août 2010 chez l'ostéopathe. Entre-temps j'avais fait l'acquisition d'*Un corps sans douleur. *J'ai donc pu pratiquer le programme pendant environ 3 semaines. Résultat (le mien) : des douleurs qui ont diminué de 75 %, et une meilleure forme. Résultat (de l'ostéopathe) : plus aucune dissymétrie entre le côté droit et le côté gauche. Donc quand son propre corps vous fait comprendre que la méthode de Christophe marche, mais qu'en plus, un professionnel vous le confirme, que demander de mieux ? Aujourd'hui, 2 ans après, je continue régulièrement de pratiquer mon programme correctif environ 3 ou 4 fois par semaine, en n'excédant jamais plus de 30 min par séance (tout compris). Plus la moindre douleur à l'épaule, un corps beaucoup mieux aligné, plus de pincement du nerf.* Un corps sans douleur *devrait être remboursé par la Sécu !*

TONY PINTO, Project Manager

❝ *Même si je n'avais de grosses problématiques douloureuses,* Un corps sans douleur *est un livre et une méthode que j'ai appréciés et que je recommande pour différentes raisons :*

- *J'ai découvert les automassages qui sont rapidement devenus incontournables à ma pratique sportive. Je considère d'ailleurs que le rouleau de massage est le meilleur accessoire que j'ai acquis jusqu'à présent, et j'en ai pourtant beaucoup. Fini les contractures et les tendinites consécutives à mes séances de musculation ou de course à pied.*
- *Le livre m'a interpellé sur l'importance de la correction posturale nécessaire suite à de trop longues séquences en position assise. Des petites douleurs que je considérais jusqu'alors comme inévitables (cervicales, épaules, lombaires) ont ainsi été éliminées par la pratique d'exercices de mobilisations articulaires faciles à réaliser au bureau.*
- *Les exercices proposés par le livre sont pratiques car réalisables sans équipement, n'importe où, sans transpirer et rapidement. Je les utilise donc lors de séances d'entraînements « fantômes » lorsque je suis fatigué, que je suis en déplacement, que je n'ai pas le temps, avant de dormir… C'est une véritable hygiène corporelle qui permet de corriger ma posture et mes déséquilibres musculaires tout en me relaxant. Bref,* Un corps sans douleur*, c'est ce que j'appelle un « must » à découvrir AVANT d'en avoir besoin.*

JORIS BIAUNIER

À ma mère, en espérant qu'elle a trouvé paix et repos.

À ma famille, mes proches, mes amis, mes « élèves »,
à ceux qui me font confiance et ceux qui me poussent régulièrement
à me remettre en question afin que mon esprit reste en alerte.

SOMMAIRE

AVANT-PROPOS

La forme, le tonus, le ventre plat, la minceur, les problèmes de dos ou de poids ont un point commun, le mouvement. Grâce à la pratique d'un sport, le mouvement rend plus fort physiquement et mentalement ; en son absence, des problèmes d'articulations ou de poids apparaissent.

Le rythme de la vie moderne, le travail, la famille, les amis font qu'il devient de plus en plus difficile de trouver du temps pour soi et, qui plus est, pour pratiquer une activité physique de façon régulière. Pourtant, les bienfaits associés à la pratique du sport, du yoga ou de tout autre activité mettant le corps en mouvement sont nombreux et largement démontrés et documentés. Cette sédentarité croissante affaiblit la population : les problèmes de poids et de dos commencent à se généraliser chez les enfants et les adolescents. Pourtant, s'entretenir physiquement est une excellente assurance-santé à long terme, qui plus est, très bon marché. C'est même vital puisque notre corps est notre principal véhicule de transport toute notre vie durant. Pour autant, le sport mal pratiqué peut aussi être dévastateur au niveau des articulations, particulièrement au niveau du dos.

Aussi loin que je me souvienne, j'ai toujours beaucoup bougé et l'on peut dire que, enfant et adolescent, j'étais hyperactif. Mes parents m'ont toujours encouragé et facilité l'accès à toutes sortes de sports. Enfant je pratiquais déjà sans le savoir ce qui serait médiatisé plus tard sous le nom de « yamakasi », une forme d'art du déplacement où les protagonistes avancent dans la rue ou dans la nature en « avalant » les obstacles, c'est-à-dire en les escaladant et en sautant plutôt qu'en les contournant.

Pourquoi faire simple quand on peut faire compliqué ? Pourquoi laisser un obstacle orienter notre chemin, notre route serait plutôt mon analyse aujourd'hui. Ma mère a longuement pratiqué et enseigné la danse ce qui n'a pas manqué de m'influencer profondément dans ma quête du mouvement.

Ainsi la genèse de cet ouvrage prend ses racines dans mon enfance. Vers l'âge de 13 ans j'ai découvert l'athlétisme et les arts martiaux en général pour lesquels je me suis passionné. Cette passion m'a conduit des années plus tard à gagner plusieurs titres de coupe du monde et de champion du monde, de champion d'Europe et de coupe de France dans une discipline appelée karaté artistique – un sport hybride entre le karaté, l'acrobatie, le tout sous forme de chorégraphie extrêmement spectaculaire et aérienne. Quelques années plus tôt, on avait tenté de me décourager en me rappelant que la probabilité d'être champion du monde était d'une sur 1 million. Très tôt je me suis donc passionné pour tout ce qui pouvait me permettre d'améliorer mes performances de façon naturelle tout en prenant soin de préserver mon corps. En effet, si la performance physique a toujours été mon objectif, j'ai souvent été choqué par le nombre de blessures que le sport pouvait engendrer. Mon leitmotiv c'est **la performance « santé »**, celle qui est possible sans détérioration de l'intégrité corporelle.

Depuis des années je me passionne pour la physiologie, la biologie, la biomécanique, le cerveau et ses implications dans le mouvement et le comportement, la nutrition et ses interactions avec notre santé et nos performances tant physiques que mentales, la préparation physique. Toutes ces passions me conduisent à me tenir informé des dernières recherches ayant trait à ces sujets, à observer et à conseiller d'autres sportifs pendant leurs entraînements, quelle que soit la discipline.

Paradoxalement, jusqu'en septembre 2002 je pensais m'entraîner correctement, agir de façon méthodique afin de rester le plus performant possible tout en minimisant les douleurs que je pensais « normales », liées à mon entraînement de très haut niveau. Et puis le 14 septembre 2002 tout s'est écroulé. Rupture totale du mollet droit. Huit mois de convalescence et une énorme introspection. Que s'était-il passé ? Quelle erreur avais-je commise ? Mes proches et l'équipe médicale qui s'occupaient de moi se voulaient rassurants. « Ça arrive à tous les grands sportifs », « tu te rends compte, aucune blessure avant, il fallait bien que cela arrive un jour ». Même si ce discours était censé me remonter le moral, je me sentais trahi par mon corps. Et si c'était moi qui l'avais trahi durant des années ? Après tout, je faisais souvent fi des signaux d'alertes qu'il m'envoyait et qui se manifestaient par des tendinites multiples, des douleurs au dos, des fatigues extrêmes (mononucléose). Consulter mon ostéopathe tous les 10 ou 15 jours pendant des années était devenu normal. Me lever avec difficulté le matin aussi. Mon corps était devenu souple paradoxalement grâce à la pratique des assouplissements pour le karaté. Mais intérieurement, je me sentais terriblement noué, meurtri. Toutes ces douleurs étaient-elles réellement normales ? Cette blessure était-elle inévitable ? Mon mal de dos était-il inéluctable compte tenu de ma posture très cambrée et du mal de dos dont mon père souffre lui aussi depuis des années ?

J'ai trouvé des réponses à toutes ces questions. Peut-être pas toutes, mais en tout cas ce sont des réponses fondamentales. Je continue le sport de haut niveau mais je n'ai plus mal partout ; j'ai juste les courbatures normales, consécutives à certains entraînements difficiles ou nouveaux. Je peux même affirmer que je suis meilleur, plus rapide, plus souple qu'avant ! Je ne consulte mon ostéopathe que deux ou trois fois par an, si bien qu'elle me demande souvent si je continue ma carrière sportive !

Tous les sportifs, les sportives de haut niveau ou les personnes anonymes qui ont bien voulu se remettre en question en essayant mes méthodes et en suivant mes conseils se sentent beaucoup mieux aujourd'hui.

Quelle est la recette miracle ? Où se trouve la fontaine de jouvence ?

Le miracle, c'est notre corps qui l'abrite.

Une formidable machine capable des mouvements les plus complexes aux plus raffinés et sensuels. En voulant trop protéger, économiser, sur-utiliser ce corps ou en l'abandonnant par paresse, nous avons oublié sa fonction fondamentale : se mouvoir. Et toute attitude qui va à l'encontre de cela entraîne des détériorations.

Ce livre a pour vocation de faire bouger.

Vous faire **bouger** quels que soient votre âge et votre santé corporelle. Dans tous les cas, votre corps vous en remerciera.

Faire **bouger** nos consciences pour que nos enfants, nos adolescents et nous-mêmes, adultes, continuions de bouger et d'entretenir la vie qui est en nous.
Faire **bouger** les mentalités car il appartient à chacun de nous de se prendre en charge pour ne plus avoir mal au dos ou pour ne plus avoir mal tout court. Cette prise en charge est vitale pour chacun de nous, pour bien vieillir.

Faire bouger les choses modestement en apportant des synthèses, méthodes, exercices pour un corps et un dos sans douleur.

POURQUOI UNE NOUVELLE ÉDITION ?

Six années ont passé depuis l'écriture des premières lignes de ce livre. Six années durant lesquelles des milliers de lecteurs m'ont fait part de leurs commentaires (positifs ou négatifs) au sujet du livre et de la méthode en communiquant directement avec moi par mail, par le biais de mon forum, sur ma page Facebook ou encore lors de stages et de formations. Six années durant lesquelles les nouvelles avancées de la science, des rencontres et surtout ma pratique quotidienne m'ont permis d'affiner, enrichir et améliorer les méthodes et exercices du livre.

Cette nouvelle édition bénéficie donc de cette mise à jour des informations, des méthodes et des programmes pour vous aider plus efficacement à retrouver un corps sans douleur.

Cette nouvelle édition est également la base d'un système d'entraînement global pour l'amélioration du potentiel humain sans détérioration de sa santé. Ce système, je l'ai baptisé CTS. CTS c'est l'abréviation de :

- *Carrio Training System* (car c'est une synthèse personnelle de l'entraînement),
- *Corrective Training System* (car c'est un système de correction des déséquilibres du corps, et ce livre en donne les fondements),
- *Cross Training System* (car c'est une approche complète et fonctionnelle du corps qui permet de préparer et élever les performances tout en diminuant le risque de blessure).

Pour en savoir plus ou pour me poser des questions en rapport avec ce livre, rendez-vous sur mon site www.christophe-carrio.com.

CHRISTOPHE CARRIO, mars 2012

MAL DE DOS, DOULEURS, ARTHROSE, UNE RÉALITÉ PLANÉTAIRE

Notre société est pleine de paradoxes. D'un côté, une folle course à la consommation censée nous faire oublier nos malheurs, faire passer l'existence de façon plus rapide, en occupant notre esprit, une forme de « narco-consommation ».

Et, dans cette course, il y en a une des plus terribles, celle du « tout-confort » auquel, je l'avoue, je succombe régulièrement. Le tout-confort c'est la recherche du moindre effort, la prise des ascenseurs ou des escalators plutôt que celle des escaliers. C'est l'utilisation presque systématique des moyens de transport urbains comme la voiture, le bus, le scooter, le tramway, le métro. Le moindre effort c'est renoncer au vélo ou à la marche à pied comme moyen de locomotion.

Le moindre effort, c'est l'utilisation de systèmes vendus pour nous faciliter la vie. Le tout-confort c'est la recherche d'une vie la plus agréable possible, notamment pour s'asseoir puisque nous passons une grande majorité de notre temps en position assise.

Ne vous méprenez pas sur mon discours. Je ne prêche pas un retour à des conditions de vie spartiates. Cependant, les chiffres parlent d'eux-mêmes. Les consultations pour des problèmes de dos sont en constante augmentation depuis les vingt dernières années, précisément dans les pays industrialisés, ceux qui peuvent adopter le consumérisme comme modèle de société.

À l'opposé de nos sociétés se trouvent celles des pays en voie de développement ou encore, plus éloignées, les peuplades primitives. Tous ces individus n'ont pas de sièges confortables, de canapés ergonomiques ou de voitures suréquipées pour se déplacer. En revanche, ils connaissent moins de douleurs corporelles ou de maux de dos que nous. L'explication provient simplement du fait que toutes ces personnes s'assoient bien souvent par terre ce qui permet d'entretenir une bonne souplesse autour de l'articulation de la hanche et des chevilles. Ce point est d'une grande importance dans la prévention des problèmes de dos ou des douleurs physiques auxquels la majorité des individus des pays industrialisés doivent faire face.

Cependant, les efforts non dénués d'intérêt de certains gouvernements ou de certaines multinationales pour favoriser l'accès à la consommation et au confort de toutes ces populations dites « défavorisées » vont-ils vraiment dans le sens d'un mieux-être ou tendent-ils tout simplement vers l'uniformisation des individus ? Ce qui est sûr, c'est que les douleurs physiques, elles, tendront à se généraliser.

Il y a plusieurs réalités majeures que nous devons regarder en face pour éviter d'avoir un corps et un dos douloureux.

- La première c'est que nous devons faire face chaque jour à la force gravitationnelle produite par la Terre.

Cette force attire notre corps irrémédiablement vers le sol, quelle que soit la posture dans laquelle il se trouve. Et comme nous nous trouvons peu souvent dans une position anatomiquement correcte, il est facile de comprendre que nos articulations et notre dos souffrent plus facilement.

- La deuxième réalité est liée à notre nature profonde qui nous pousse à rejeter nos propres fautes sur les autres ou sur la société en général. Or, dans le cadre des problèmes de dos et de posture, force est de reconnaître que si nous avons des douleurs c'est que nous n'avons pas fait assez attention. Nous ne nous sommes pas assez échauffés avant chaque séance de sport ou n'avons pas assez fait d'étirements après. Parfois, nous nous sommes étirés mais pas de la bonne façon ou en sous-estimant certains ensembles de muscles. Pour certains, l'excès de sport peut aussi être pointé du doigt. Pour d'autres, la sédentarité dans laquelle ils se sont enfermés leur a fait perdre les muscles responsables d'un bon maintien ou la souplesse fonctionnelle de certaines articulations.

La position assise maintenue durant des heures, une posture peu acceptable pour la colonne vertébrale, entraîne des contraintes phénoménales sur les vertèbres et les disques intervertébraux qui jouent le rôle d'amortisseurs. Nous y reviendrons.

Chacun, en y réfléchissant de façon objective, pourrait trouver mille raisons pour expliquer les douleurs et maux de dos qu'il doit gérer au quotidien ou de façon occasionnelle.

Bien sûr on peut aussi naître avec une scoliose, une jambe plus courte ou tout autre problématique corporelle dont nous ne sommes pas directement responsables. En revanche, nous devrions tous être responsables et nous prendre en charge pour agir le plus tôt possible sur les effets délétères d'une scoliose sur l'ensemble de notre posture. À condition bien sûr d'en être informé !

Nous vivons dans un système, une société où la quantité d'informations qui circule est énorme. Il est impossible d'avoir une connaissance minimale et suffisante dans tous les domaines. C'est pour cela que les métiers existent, en particulier celui d'aider, conseiller, soigner ceux qui se sont spécialisés dans d'autres. Malheureusement, ce système est un système contraint, c'est-à-dire que nous sommes interdépendants les uns des autres. Chacun de nous doit concilier chaque jour vie personnelle ou familiale avec obligations professionnelles, si bien que la fin de journée arrivée, il ne nous reste plus beaucoup de temps pour nous entretenir physiquement et encore moins pour suivre une formation continue dans le cadre de notre activité professionnelle. Lorsque nous demandons conseil à un médecin, un professionnel de santé ou tout autre spécialiste dans n'importe quel domaine, il devient difficile de savoir où il se situe en termes de connaissances. Est-ce que mon médecin me soigne avec des protocoles vieux de 15 ans, de 5 ans ou actuels ? Est-ce que les protocoles actuels font l'objet d'un consensus de la part de la communauté médicale ? Est-ce que, au lieu de médicaments, on ne devrait pas me proposer un ensemble de conseils visant à me tenir mieux, des exercices visant à me renforcer et à m'étirer correctement ?

Dans ce cas, est-ce le rôle de mon médecin ou celui de mon kinésithérapeute ? Est-ce que cela devrait être pris en charge par la Sécurité sociale dans la mesure où ces conseils appliqués m'amèneraient à avoir moins mal au dos ou aux articulations, à moins consommer de médicaments et donc à faire faire des économies à long terme à la Sécurité sociale ?

Comme vous le voyez, certaines questions en soulèvent beaucoup d'autres. On pourrait aussi parler du poids des lobbies pharmaceutiques qui n'ont aucun intérêt à ce que nous ayons moins mal. Moins de douleurs signifierait moins de médicaments et donc moins de bénéfices.

Encore une fois, il n'est pas question de rejeter l'intérêt des médicaments dans la prise en charge de la douleur. Moins de douleur permet par exemple de reprendre une vie plus ou moins normale et donc de se remettre en mouvement, tant physiquement que mentalement. Les médicaments ont donc un rôle à jouer dans l'énorme équation qui s'ouvre devant nous quand il s'agit de problèmes de dos ou de douleurs physiques en général. Cependant, ils ne représentent qu'une part de l'équation. Et cette équation pourrait aussi être complètement différente si nous parvenions à modifier notre approche du corps.

Finalement, je reviens à mon postulat de départ qui est que nous devrions tous être responsables de notre propre santé. Nous savons tous qu'il faut faire attention à la façon dont nous mangeons car cela a des répercussions sur notre organisme, notre cerveau, la façon dont nous vieillissons. Nous savons tous que mal nous tenir a des conséquences sur notre posture, notre dos, nos articulations. Nous le savons tous, mais nous ne faisons rien. Peut-être est-ce parce que nous sommes abasourdis par l'ensemble des changements à mettre en œuvre. Peut-être par manque de moyens, de temps, de conscience. Dans tous les cas, les ressources de notre propre bien-être ou de notre guérison se trouvent en nous.

Dans ce livre, nous aborderons les problèmes posturaux, les douleurs en général et le mal de dos en particulier. Je vous expliquerai pourquoi et comment nous faisons souffrir notre corps mais je vous donnerai aussi des méthodes, des exercices, des stratégies afin de vous sentir mieux au quotidien.

Ce que j'ai appris au fil des années, des rencontres, des conversations, c'est que chaque individu est différent et devrait être conseillé de façon individualisée. Si cela reste impossible dans le cadre de ce livre, des tests ainsi que des profils posturaux récurrents vous seront proposés afin de déterminer dans quelle catégorie vous vous trouvez et, par conséquent, quels sont les exercices que vous devrez utiliser de façon quotidienne contre les douleurs, un peu comme le brossage des dents évite les caries.

Il n'est pas non plus question de prétendre détenir la vérité. Il existe en effet bon nombre de méthodes, de stratégies, de spécialistes ayant des approches différentes de la mienne. En revanche, ce qui semble rester commun c'est la vision permanente d'un corps dans sa globalité, un corps qui doit être entretenu ou soigné également dans sa globalité.

COMPRENDRE

1

CHAPITRE 1

LE CORPS OU LES LOIS DE L'ÉQUILIBRE

La machine humaine est un chef-d'œuvre architectural, physiologique, biomécanique, neurologique, etc. Vous l'aurez compris, le corps humain dans sa globalité me passionne.

Si certaines fonctions m'ont rapidement intéressé quand j'étais adolescent, comme la physiologie musculaire, je n'ai pas porté d'intérêt particulier au cerveau, au système immunitaire, à la physiologie des tissus ou encore à la biomécanique. Ce n'est que bien plus tard que je m'y suis mis, lorsque j'ai compris que le corps fonctionnait non pas comme la somme de ses parties mais comme une entité unique.

Chaque action qui s'opère sur un organe, une zone, un muscle ou un os a des répercussions sur l'ensemble de l'organisme. La médecine actuelle admet couramment cela lorsqu'elle est face à la maladie et qu'il s'agit de soigner. Mais elle oublie parfois que ce constat est aussi valable pour les interactions positives : notre façon de manger conditionne pour beaucoup le fonctionnement à court, moyen et long terme de l'organisme ; au même titre que la nutrition, une activité physique, si elle est exercée correctement, prévient le vieillissement et l'ensemble des maladies de civilisation. Tout est question d'équilibre. Une recherche de l'équilibre qui se situe même au centre de notre corps, légèrement en dessous de notre nombril, et que l'on appelle le centre de gravité. Mais actuellement l'homme a perdu cet équilibre. Il n'est plus à l'écoute de son corps. Cet instinct autrefois vital n'a plus de raison d'être. Pourtant, notre corps, lui, n'a pas changé. Il a besoin d'équilibre. Et lorsque je parle d'équilibre corporel, je pense à un équilibre fondamental entre les muscles ou les différentes chaînes musculaires qui nous permette de réaliser chacun de nos mouvements. Du plus insignifiant, comme lorsque les muscles de vos yeux scannent chaque ligne de ce livre et ceux de vos mains, parallèlement, le maintiennent ouvert à la page où nous sommes. Du plus répétitif, comme conduire chaque matin votre voiture pour aller travailler ou simplement poser un pied devant l'autre pour marcher. Au plus complexe, comme rattraper une balle de tennis lancée à plus de 200 km/h ou effectuer un exercice aux barres asymétriques ou à la poutre, se lancer dans un solo de danse hip hop sur une musique rythmée ou bien encore descendre un individu d'un immeuble enflammé sur vos épaules. Bref, notre système musculaire travaille chaque jour pour nous. Malheureusement, nous ne faisons pas grand-chose pour lui, pour le maintenir efficace et en bonne santé. Et c'est là que les déséquilibres musculaires entrent en jeu, avec le cortège de problèmes qu'ils entraînent.

UN DÉSÉQUILIBRE MUSCULAIRE, C'EST QUOI ?

Les déséquilibres musculaires correspondent à un dérèglement entre la longueur et la force de deux groupes musculaires opposés. Pour qu'une articulation soit stable ou qu'elle bouge avec toute l'amplitude pour laquelle elle a été conçue, elle doit avoir un ensemble de muscles qui maintient un parfait équilibre entre tension et longueur. Si un côté est trop contracté, trop tendu, il force le côté opposé à s'étirer, à se détendre. Si, en revanche, chaque groupe musculaire opposé à l'articulation possède les mêmes capacités de tension et d'allongement, les mêmes capacités de force et d'étirement, alors l'articulation en question pourra être mobilisée de façon équilibrée et avec une amplitude maximale en fonction du mouvement à effectuer. De ces déséquilibres naissent des postures pour lesquelles nos articulations ne sont pas initialement programmées. Le corps s'adapte, certes, mais ces adaptations ont des répercussions profondes et délétères, notamment sur nos articulations.

D'OÙ VIENNENT NOS DÉSÉQUILIBRES MUSCULAIRES ?

La difficulté, c'est que les déséquilibres musculaires peuvent être causés par de nombreux facteurs. Ces déséquilibres sont par conséquent fréquents, si bien que peu d'individus peuvent être considérés comme « musculairement » équilibrés.

• Parmi ces facteurs de déséquilibre, on retrouve ceux associés aux **postures quotidiennes**. La première image qui me vient en tête est celle d'un arrêt de bus ou d'une station de métro. Il est alors amusant et flagrant à la fois d'observer la posture d'attente des personnes présentes. On y voit des personnes très cambrées, d'autres sans cambrure avec la tête et les épaules vers l'avant. Certains semblent avoir une hanche qui ressort d'un seul côté. D'autres ont les pieds plats (elles appuient plus à l'intérieur de leurs pieds en marchant ou lors d'une station debout) et d'autres les pieds en canard. Pour la majorité des individus, ces postures sont normales. Il ne vous est jamais arrivé de vous préoccuper de votre posture ou de celle d'autrui. Tout au plus vous êtes-vous dit un jour « comme il ou elle se tient mal ! ». Ou encore, peut-être avez-vous demandé à vos enfants de se tenir plus droits. La réflexion est rarement allée plus loin.

• **Notre environnement de travail** influence aussi fortement notre posture via les déséquilibres musculaires qu'il provoque à long terme. Que ce soit à l'école, au lycée, au bureau, en voiture et quelle que soit notre activité, nous répétons chaque jour des tâches ou des actions similaires. Que vous tapiez à l'ordinateur, que vous écriviez sur votre bureau, que vous soyez penché sur un patient pour une opération ou une auscultation, que vous balayiez, etc., vous devenez chaque jour plus efficace dans chacun de vos gestes. L'ensemble de votre corps développe des stratégies pour devenir plus efficace. Cependant, nous créons ainsi, sans le vouloir, des déséquilibres musculaires et par conséquent posturaux.

• Les pensées, les **émotions** ont aussi une influence sur notre posture, positive ou négative. Lorsque l'on est en dépression, on se replie souvent sur soi, tant mentalement que physiquement ; c'est une façon de se rapprocher de la position fœtale. À l'opposé, lorsqu'on se sent bien, en pleine réussite, amoureux, « on se sent pousser des ailes », on s'ouvre au monde, ce qui se traduit physiquement par une posture plus fière, plus droite.

• Nos anciennes **blessures** ou opérations chirurgicales peuvent aussi causer des déséquilibres musculaires. Un traumatisme corporel, qu'il soit dû à un accident ou à une opération, crée une réponse lisible dans nos tissus, ce qui englobe la peau, les fascias, les vaisseaux sanguins, les ligaments, les tendons, les muscles et les nerfs. Prenons un exemple. Une élongation ou une petite déchirure du mollet survenue durant le week-end. Votre mollet est douloureux le lundi matin, mais pas suffisamment pour ne pas aller à l'école ou au travail. Vous ne pensez pas non plus aller chez le médecin car vous connaissez plus ou moins son diagnostic. Et dans la mesure où vous pouvez poser le pied au sol et marcher en faisant attention, sans trop de douleurs, vous faites l'impasse sur la case médecin. Un peu de repos sera suffisant. Après tout, ce n'est pas la première fois que ce genre de bobo vous arrive et votre corps s'est toujours réparé lui-même. Le mardi, votre mollet est toujours un peu gonflé et légèrement bleu, ce qui indique que des fibres musculaires se sont déchirées et que des opérations cellulaires sont en route pour réparer cette zone blessée. Par exemple, votre corps est en train de fabriquer du tissu cicatriciel au niveau de la zone qui a été étirée ou partiellement déchirée. Ce tissu est extrêmement solide mais n'a pas les mêmes propriétés élastiques que vos muscles. Cela signifie que cette zone sera beaucoup plus solide qu'autrefois, mais qu'elle ne pourra pas s'étirer, s'allonger comme le ferait un muscle sain. Ainsi, si on laisse le corps se réparer tout seul, ce mollet blessé sera moins souple une fois guéri, limitant l'amplitude de flexion de votre cheville (lorsque vous prenez appui dessus). Cette limitation de flexion aura des conséquences sur la façon dont vous marchez, dont vous montez ou descendez les escaliers et ce, d'autant plus si vous faites un peu de sport.

Ce type de raisonnement s'applique à toutes les articulations, aux muscles, aux tendons, aux ligaments et à la peau (dans le cas de grosses cicatrices). Dans tous les cas, le corps trouve une façon de s'adapter. Notre organisme est un vrai champion du monde de l'adaptation. Malheureusement, ces adaptations ont des conséquences car même si notre corps s'adapte, il ne fonctionne plus de façon optimale, la façon pour laquelle il a été programmé.

• Une autre façon de développer des déséquilibres musculaires passe par un **entraînement physique inapproprié**. Ce pourrait être par exemple le cas de quelqu'un qui va à la salle de sport quelques fois dans la semaine pour se maintenir en forme et évacuer les tensions du travail. Généralement, lorsque l'on fait du sport en salle, c'est certes pour se maintenir en forme, mais c'est surtout pour maintenir une apparence séduisante car l'image est devenue une préoccupation permanente dans notre société où beaucoup de rapports humains sont conditionnés par elle. Certaines personnes n'entraînent donc que les muscles du miroir, ceux qu'elles peuvent directement voir, comme les abdos, les pectoraux, les épaules (surtout les muscles devant et sur le côté), les trapèzes, les biceps ou encore les muscles des cuisses. Cela correspond souvent à de jeunes pratiquants masculins, mal conseillés ou mal entourés. Ce type d'entraînement favorise grandement les déséquilibres entre les muscles que je viens de décrire et les muscles opposés, généralement dans le dos, les fesses et l'arrière des cuisses.

Prenons un autre exemple sportif : la pratique du golf, où le sportif exécute des mouvements de façon asymétrique. Par exemple, le swing demande une forte mobilité des hanches et de la région thoracique de la colonne. Mobilité qui est très souvent déficitaire, compte tenu du nombre d'heures que l'on passe assis dans la journée et qui altère jour après jour la souplesse de la hanche, des jambes, des épaules et de la région thoracique de la colonne vertébrale. Par conséquent, pour exécuter le mouvement, le corps trouve une solution de remplacement en mobilisant d'autres parties du corps comme les genoux ou la région lombaire. Des zones du corps qui normalement devraient être peu mobilisées, de façon latérale pour les genoux et en rotation pour la zone lombaire. D'autre part l'accélération du club (instrument utilisé dans le golf) demande une forte contraction de tout un ensemble de muscles mais uniquement d'un seul côté. Ce mouvement répété des centaines de fois permet de développer un renforcement musculaire spécifique qui améliore la puissance, la vitesse du swing, mais qui, parallèlement, déséquilibre le corps et peut entraîner à la longue des problèmes de dos, de genoux et de hanches.

• La **pratique de la course à pied ou de la marche** est une autre source de déséquilibres musculaires. Si on estime qu'il y a en France environ 6 millions de personnes qui pratiquent de façon occasionnelle ou régulière la course à pied, il y en a encore plus qui se déplacent en marchant. Or, la marche, et par extension la course, pratiquée avec un corps légèrement déséquilibré, mal aligné, ne fait qu'accroître les déséquilibres. La marche n'est que le prolongement de notre posture en mouvement.

• Impossible également de ne pas parler du **sport « émotionnel »**, celui que beaucoup utilisent pour fuir des problématiques du quotidien sur lesquelles ils (ou elles) n'ont aucun contrôle, aucune solution et qui finissent par être tellement frustrés de ne pas pouvoir s'en sortir qu'ils choisissent le bouc émissaire idéal pour défouler leurs colère et frustrations : leur propre corps. Nous en reparlerons plus longuement au chapitre « posture et émotions » (page 81).

D'autres facteurs de déséquilibres musculaires sont ceux sur lesquels nous n'avons pas de contrôle, comme les **facteurs congénitaux** : nous sommes nés avec. Une jambe plus courte que l'autre, une scoliose, une courbe latérale de la colonne vertébrale causée par un déséquilibre musculaire congénital. Les muscles de chaque côté de notre colonne devraient, en effet, être de la même longueur. Si ce n'est pas le cas, cela donne une scoliose. Une scoliose peut aussi être la résultante d'une différence de longueur de jambe. Avoir une jambe plus courte que l'autre rend notre bassin instable latéralement, forçant le corps à compenser au-dessus, c'est-à-dire au niveau de la colonne vertébrale.

• Certaines **maladies neurologiques** peuvent aussi entraîner des déséquilibres musculaires. C'est le cas de la maladie de Parkinson ou d'une maladie musculaire en expansion de nos jours, la fibromyalgie.

Que les déséquilibres soient causés par des facteurs congénitaux ou par des maladies, l'individu possède le potentiel pour améliorer les choses et se sentir mieux dans son corps. Pour cela, il faut interrompre la spirale négative dans laquelle le corps s'est enfoncé année après année, en essayant de travailler quotidiennement pour se rapprocher d'un alignement postural idéal, notamment grâce à la pratique d'exercices présentés dans ce livre.

CE QU'IL FAUT RETENIR

- *Il y a peu de chances que nous soyons parfaitement équilibrés physiquement compte tenu des nombreux facteurs qui influent sur notre posture et créent des déséquilibres musculaires.*
- *Si une problématique douloureuse doit être soignée de façon spécifique, il convient d'avoir une approche du corps globale afin de ne pas traiter que le mal mais plutôt ses racines.*
- *La correction posturale doit faire partie intégrante du quotidien, au même titre que se laver, ou se brosser les dents. C'est seulement à cette condition que chacun d'entre nous prendra réellement soin de son corps.*

CHAPITRE 2

À L'ORIGINE, UN SCHÉMA MOTEUR

Pour mieux comprendre la manière dont fonctionne le corps et dont les déséquilibres se créent, il est important de comprendre la façon dont notre posture ou nos mouvements sont formés et gérés par notre cerveau.

Notre cerveau est un peu comme un ordinateur qui collecte, stocke des données et exécute des programmes. C'est un super ordinateur capable d'analyser et d'être en communication presque instantanée avec beaucoup de fonctions de l'organisme. Dans le cadre de notre ouvrage, nous nous intéresserons particulièrement à la communication avec les muscles, tendons et articulations. Ainsi, pour générer des mouvements, notre cerveau a créé des programmes, c'est-à-dire un code qui met le corps en action selon une séquence particulière. Cela nous évite par exemple de réapprendre chaque jour à marcher. Cela nous permet de conduire notre voiture sans penser aux pédales de frein et d'accélérateur. C'est ainsi que l'on distingue des programmes moteurs généraux et des programmes moteurs spécifiques.

- Les **programmes moteurs généraux ou schémas moteurs basiques** sont constitués d'informations et de mouvements basiques, communs à l'ensemble des individus. Par exemple presque tous les enfants apprennent à marcher selon une même séquence qui commence par le crawl (à plat ventre ou sur le dos, ils remuent les bras et les jambes). Puis ils se déplacent à quatre pattes. Ensuite ils se retrouvent en position accroupie, le bassin entre les jambes, pour ensuite pousser sur les jambes et se retrouver debout. Vient ensuite la gestion de l'équilibre en station debout puis les premiers pas avec la gestion de l'équilibre en mouvement. Ce qu'il est important de mentionner c'est que la majorité des enfants apprennent à marcher bien avant de savoir communiquer avec des mots. Ainsi, le langage du mouvement est inscrit dans notre cerveau au travers de **sensations**. Ces sensations sont collectées et envoyées au cerveau par l'intermédiaire de capteurs sensoriels, aussi appelés proprioceptifs, que la nature a installé à différents endroits stratégiques du corps comme les muscles, les tendons, la peau, les articulations. C'est par l'intermédiaire de ces capteurs et des informations qu'ils envoient au cerveau que celui-ci analyse la position du corps ou d'une articulation dans l'espace. Le cerveau en retour envoie la correction nécessaire à l'ensemble du corps pour rester en équilibre. Le cerveau développe ainsi des programmes moteurs basiques à partir desquels il pourra développer ensuite des programmes moteurs plus complexes.

- Les **programmes moteurs complexes ou schémas moteurs complexes** ou spécifiques sont associés à des pratiques complexes, très précises. La majorité des activités sportives artistiques demandent ce genre de programmes moteurs. Plus un programme basique a été programmé convenablement et plus il a été répété, plus il sera stable, c'est-à-dire qu'il formera une base solide pour la formation ou la correction de programmes moteurs plus complexes. C'est ainsi que, dès l'enfance, on développe des aptitudes qui nous serviront toute notre vie. Ainsi on peut remarquer, aussi bien chez les enfants que chez les adultes, des sujets qui sont plus ou moins agiles avec leurs corps. Cela témoigne d'un développement des programmes moteurs de base plus abouti, plus affiné, plus complet. C'est l'une des raisons qui expliquent qu'un ancien sportif parvient plus vite à retrouver son niveau d'autrefois même si l'arrêt a duré plusieurs années, par rapport à une personne qui n'a jamais véritablement utilisé son corps. Est-ce que cela signifie pour autant que cette dernière personne ne pourra pas devenir plus agile ? Absolument pas. Dans la mesure où le cerveau développe et mémorise des programmes moteurs, il lui suffit juste de pratiquer des exercices éducatifs progressifs en augmentant le niveau de coordination et de difficulté de semaine en semaine.

QUAND LE PROGRAMME EST FAUX, LE CORPS S'USE PRÉMATURÉMENT

Revenons à présent à la mauvaise posture, conséquence de tous les facteurs que nous avons évoqués au chapitre précédent : mauvaises postures quotidiennes, anciens traumatismes, mauvaise pratique sportive, etc. Tous ces facteurs entraînent des déséquilibres musculaires. Ceux-ci forcent le corps à développer de nouveaux schémas posturaux.

CE QU'IL FAUT RETENIR

Les schémas posturaux erronés sont en fait des compensations que le corps met en place pour réaliser un mouvement (marcher, se lever, taper à l'ordinateur, se tenir sur sa chaise, etc.). Répété des centaines ou des milliers de fois, ce mouvement entraîne un renforcement musculaire spécifique ce qui, d'une part, crée voire renforce les déséquilibres musculaires et, d'autre part, consolide le schéma moteur compensatoire mis en place. La boucle est bouclée !

Vladimir Janda, un professeur et médecin spécialisé dans la réadaptation fonctionnelle fut l'un des premiers dans les années 1970-80 à parler d'amnésie du mouvement et d'amnésie musculaire. Ses travaux lui avaient permis de démontrer que, dans certaines circonstances traumatiques, certains muscles perdaient leur fonction, devenaient plus ou moins « amnésiques » et oubliaient leur rôle dans le corps. Janda élabora des profils posturaux qui associent une posture donnée à des déséquilibres musculaires particuliers.

L'IMPACT DES PREMIERS MOIS DE LA VIE

Les schémas posturaux induits dès l'enfance entraînent des déséquilibres musculaires et formatent notre posture adulte. Certains déséquilibres se développent dès la vie intra-utérine. D'autres proviennent des premiers mois de la vie et s'ajoutent éventuellement aux précédents avec une perturbation dans les premiers schémas moteurs de l'enfant. Voyons cela plus en détail.

Dans les dernières semaines de la grossesse, le fœtus se présente le plus souvent dans le bassin de la mère en configuration occipito-iliaque gauche antérieure. Dans cette configuration, la tête du bébé est en bas, fléchie et tournée vers la gauche tandis que les bras et les jambes sont repliés pour s'adapter aux restrictions de la cavité utérine. Le bébé reste le plus souvent dans cette position fœtale considérée comme normale pendant l'accouchement même s'il est amené à réaliser de nombreux mouvements tout au long du processus d'accouchement.

Certains auteurs tels que les Drs Ida Rolf, Gordon Zink et Fred Previc ont découvert que cette tendance est un facteur important pour déterminer la forme définitive du fœtus. Il apparaît qu'une fois né, plus le temps passe, plus sa taille s'allonge mais il conserve une prédisposition embryologique de rotation. Lorsqu'on soumet un individu à un test de rotation, on observe en général que la tête se tourne plus facilement vers la gauche au niveau dc l'articulation occipito-atloïdienne et de la région lombo-sacrée. En fonction du positionnement du fœtus, il est possible que ce schéma fascial commence à se développer dans l'utérus de la mère au cours du dernier trimestre de grossesse. Par ailleurs, des variations individuelles dans le positionnement du fœtus semblent devenir de plus en plus importantes au fur et à mesure que son corps prend forme.

L'espace dans l'utérus de la mère devient de plus en plus compact au cours du dernier trimestre de la grossesse, les bras et les jambes de l'embryon doivent alors souvent se replier dans diverses positions et la tête peut parfois se retrouver coincée entre les jambes ou face vers l'avant plutôt que tournée vers un côté ou l'autre. Le terme de présentation postérieure (face vers l'avant) désigne la position dans laquelle la tête du bébé a dévié de sa position fléchie et tournée, considérée comme normale, et se retrouve dans un état d'hyperextension vers l'arrière. Aujourd'hui, les cliniques et les hôpitaux du monde entier traitent de plus en plus de cas de présentation postérieure dû notamment aux raisons suivantes :

- une mauvaise posture ;
- la mère a tendance à s'avachir en position assise ce qui provoque une perte ou une inversion de la courbe normale de la lordose lombaire ;
- des stabilisateurs du tronc affaiblis ;
- un soutien inadéquat du muscle transverse de l'abdomen, du multifide, des obliques et des muscles droits de l'abdomen ;
- un manque de thérapie manuelle adaptée ;
- un mauvais alignement structurel avant, pendant et après l'accouchement.

Tandis que le bébé se développe, les muscles grands droits de l'abdomen (les tablettes de chocolat) et les ligaments de soutien de la mère développent une forte capacité d'extensibilité (élasticité). La sécrétion de l'hormone appelée relaxine est nécessaire pour garantir un environnement confortable pour le fœtus et assurer un accouchement normal et sans danger. Cependant il existe un problème commun alors que le ventre grossit et les muscles droits de l'abdomen commencent à se déplacer latéralement. Cela est généralement causé par une pression excessive de la paroi abdominale qui force sur la ligne blanche, une structure tendineuse et fasciale située sur la ligne médiane de l'abdomen et qui sépare les deux muscles droits. Lorsqu'elle fonctionne correctement, cette zone réunie les deux muscles droits au niveau de la ligne médiane, ce qui offre un soutien abdominal parfait. Si la future maman et l'équipe médicale qui supervise la grossesse acceptent cette migration lente des muscles droits tandis que l'abdomen grossit, les stabilisateurs indispensables du tronc, tels le muscle transverse, les obliques internes et externes et le muscle multifide sont affaiblis par un étirement excessif. La gravité commence par entraîner le ventre vers l'avant, ce qui génère une forte tension au niveau des muscles extenseurs du bas du dos. En l'absence d'un bon équilibre des muscles du dos et de l'abdomen, les érecteurs lombaires postérieurs se contractent pour tenter de limiter la force gravitationnelle exercée sur le ventre. Malheureusement, cela ne fait qu'aggraver la courbure du dos, augmenter la charge de compression sur les disques intervertébraux et les facettes vertébrales postérieures, et générer une douleur lombaire plus intense. Tout changement dans le système de soutien abdominal de la mère non seulement affecte le positionnement du bébé mais génère des douleurs lombaires terribles chez les futures mamans, déclenchées par ce combat acharné contre la force de gravité. Heureusement, les futures mères qui suivent une préparation à l'accouchement et utilisent les massages avec des praticiens entraînés ne souffrent en général que d'une faible douleur lombaire pendant leur grossesse. Les programmes que vous trouverez dans ce livre s'adressent parfaitement aux femmes enceintes en agissant sur les mauvais schémas moteurs générés par les mauvaises postures et complètent à merveille les autres formes de gymnastique prénatale.

LATÉRALISATION CÉRÉBRALE ET SCHÉMA MOTEUR BASIQUE

Lorsque la mère se déplace, l'accélération qui en résulte oblige la tête du bébé à se retourner par un processus dit d'inertie fœtale. Une stimulation répétée du cerveau gauche augmente l'activité neurologique dans l'appareil vestibulaire du bébé (organe responsable de l'équilibre). Une pression inertielle prolongée est très probablement l'une des causes de l'augmentation de la sécrétion de fibres de tissu conjonctif à l'origine d'une maturité précoce et du développement du côté gauche du système vestibulaire du bébé, et en conséquence d'une dominance motrice de son côté droit. En effet les informations vestibulaires se déplacent sur le côté opposé du corps. Par conséquent, en position debout, la plupart des adultes supportent plus de poids sur la jambe gauche que sur la droite. À l'inverse, un développement précoce du cerveau gauche traverse neurologiquement jusqu'à l'hémisphère cérébral droit et résulte en une dominance motrice du côté droit.

Lorsqu'on observe les dominances motrice et vestibulaire travailler en harmonie durant une activité normale, telle que donner un coup de pied dans un ballon de foot, on s'aperçoit que l'individu prend généralement équilibre sur la jambe gauche et tire de la jambe droite. Un basketteur prend une impulsion pied gauche pour lancer le ballon avec la main droite. Les frappes en tennis se font en appui sur la jambe gauche pour frapper avec le bras droit. Pour appuyer la théorie de la latéralisation cérébrale, les scientifiques notent que pour la majorité de la population adulte, la jambe gauche est plus grosse et plus musclée. En raison de ce processus de latéralisation avancée, un schéma postural et moteur basique commence à émerger dans le ventre de la maman. Dès la naissance le bébé entretient sans le savoir cette « préférence » dictée par sa latéralité en pivotant plus d'un côté que de l'autre.

Tous ces aspects vont avoir un impact sur le développement moteur et postural du futur adulte. Ils dicteront également certains principes correctifs de la partie pratique de cet ouvrage.

IL EST TOUJOURS POSSIBLE DE CORRIGER UN SCHÉMA MOTEUR

Pour corriger un schéma moteur, il faut que les nouvelles informations que votre cerveau reçoit soient de qualité et répétitives, ce qui n'est pas une mince affaire. En effet, ce serait mentir que de prétendre que les nombreuses heures que nous passons (mal) assis peuvent être facilement contrecarrées par quelques minutes d'exercices, même s'ils sont exécutés chaque jour. La modification d'un programme moteur erroné nécessite donc l'adoption et l'exécution du bon programme moteur, aussi souvent que possible. Il faut un programme quotidien d'exercice visant à rétablir l'équilibre entre tension-contraction et relâchement-étirement autour de chaque articulation. La tâche est difficile car elle demande une attention de tous les instants, rien n'étant jamais acquis. La mise en place d'un programme minimal d'exercices correctifs doit faire partie intégrante de la vie quotidienne, au même titre que se laver les mains avant les repas ou prendre un café avant la reprise du travail.

Si vous souffrez actuellement du dos, d'une épaule, d'un genou, d'une hanche ou d'une cheville, cela ne signifie pas que vous devez arrêter la rééducation ou les médicaments. En effet, tous deux sont nécessaires pour calmer la douleur et empêcher que votre corps ne crée de nouveaux programmes moteurs erronés de façon à échapper à la douleur. Toutefois, rééducation et médicaments ne s'attaquent pas aux raisons profondes du mal. Et c'est pourquoi on observe si souvent des rechutes.

L'EXEMPLE DE JACKY

Jacky a été très sportif ; il a même joué à un très bon niveau au football dans les années 1970 à 1985. C'est une personne qui a toujours aimé bouger, transpirer. En plus Jacky est un manuel, un bricoleur. Sa colonne vertébrale est naturellement très cambrée. Après des années de football, sans jamais pratiquer d'étirements ou d'échauffements dignes de ce nom, Jacky a commencé à ressentir des douleurs de dos, particulièrement dans la région lombaire. Jacky ne s'en doutait pas à l'époque, mais sa forte cambrure aggravée par une mauvaise pratique du foot a accéléré l'usure naturelle de ses disques intervertébraux au niveau des lombaires. Aujourd'hui, Jacky ne fait plus de sport. Il ne peut plus ou plutôt ne veut plus. En effet, pendant des années, ses problèmes de dos n'ont cessé de s'aggraver. La douleur était calmée par des anti-inflammatoires, un peu de repos ou d'alitement et parfois des séances de kiné. Mais dès que Jacky reprenait un peu le sport, aïe ! La douleur et les problèmes réapparaissaient. Alors Jacky a fini par se faire une raison. Il ne fait plus de sport. Il bouge peu de peur de se coincer ou d'avoir mal. Pourtant, même dans l'état où se trouvent ses disques, il pourrait aller mieux et même reprendre une activité physique régulière. Encore faut-il qu'il le veuille et qu'il s'en donne les moyens. En effet, penser à sa posture, à la bonne façon de bouger demande de l'énergie et une conscience de tous les instants. La mise en application quotidienne voire pluriquotidienne de certains exercices demande de modifier ses habitudes, de repenser la gestion de son temps au quotidien. Changer est un processus qui demande de l'énergie, du temps, de la motivation. Mais changer demande aussi des objectifs et des paliers. Ce n'est qu'à cette condition que l'on peut réussir à avancer et à changer les choses. Nous reviendrons sur les stratégies à mettre en œuvre plus loin dans ce livre.

COMMENT NAISSENT LES SCHÉMAS MOTEURS ERRONÉS ?

La création des programmes moteurs est dictée par le cerveau. Le cerveau collecte des informations sur la position du corps ou des articulations, que nous soyons immobiles ou en mouvement, par l'intermédiaire des capteurs proprioceptifs placés dans les muscles, les tendons, les articulations et la peau. Il utilise aussi deux autres super capteurs proprioceptifs ou sensoriels : l'œil et l'oreille interne (comme nous l'avons vu dans l'impact des premiers de la vie sur le fœtus). Si l'on ferme les yeux en étant debout, on se rend compte tout de suite de l'augmentation de l'activité musculaire de tout le corps afin de garder l'équilibre. Cependant, que se passe-t-il lorsque les capteurs musculaires et tendineux fonctionnent mal ? En effet, des muscles devenus trop raides, trop forts d'un côté ou, à l'inverse, trop faibles et trop longs de l'autre, ne donnent plus les bons renseignements au cerveau. Le cerveau envoi l'ordre de maintenir une posture donnée ce qui impose au corps de maintenir voire d'augmenter les compensations et donc les déséquilibres musculaires. La douleur « brouille » également les informations que renvoient les capteurs proprioceptifs. Nous y reviendrons.

Comment alors corriger ces dysfonctionnements ?

La solution est de reprogrammer le cerveau avec des informations correctes. C'est un peu ce que l'on ressent de façon empirique lors des étirements : à chaque fois que l'on s'étire un peu, ça fait du bien. Pour le cerveau c'est un peu comme rouvrir une fenêtre et s'apercevoir qu'une autre réalité corporelle peut exister, une réalité d'autant plus flagrante que beaucoup d'entre vous l'ont déjà connue. Puis, une fois que les effets des étirements au niveau neuromusculaire se sont dissipés, la fenêtre se referme.

CE QU'IL FAUT RETENIR

- ***Notre corps utilise des programmes ou schémas moteurs plus ou moins complexes qui permettent au bon muscle de se contracter ou de se relâcher autour d'une articulation, selon une séquence enregistrée dans notre mémoire, afin de maintenir une certaine posture ou produire un mouvement donné.***
- ***Plusieurs facteurs peuvent avoir une action négative sur nos programmes moteurs comme les mauvaises postures quotidiennes, la sédentarité, les traumatismes, les déséquilibres musculaires, certaines maladies neurologiques.***
- ***Aucun programme moteur fonctionnel ou dysfonctionnel n'est figé ni définitivement acquis. Nous pouvons, à tout âge, apprendre ou réapprendre un programme moteur, cela prend plus ou moins de temps et d'énergie.***

CHAPITRE 3

COMPRENDRE LE PRINCIPE DES CHAÎNES MUSCULAIRES

La vision du corps a beaucoup changé ces dernières années. Ainsi, le fonctionnement du corps n'est plus vu comme la somme de différentes parties mais comme un système fonctionnant de façon globale. Les hormones, les différents organes sont donc en interaction permanente. Il en est de même du système du mouvement aussi appelé système locomoteur.

Si l'ensemble des éléments qui compose ce système fonctionne correctement, alors tout le système et les schémas moteurs qui lui sont associés fonctionnent correctement. Cela conduit le corps à adopter la bonne posture, à produire les bons mouvements au bon moment avec, pour conséquence, un fonctionnement de l'ensemble du système du mouvement efficace et un sentiment de bien-être où la douleur est absente. En revanche, si un des éléments qui compose le système locomoteur ne fonctionne pas correctement, en raison d'une blessure, d'un déséquilibre musculaire, d'une mauvaise posture, alors c'est l'ensemble du système qui, en retour, voit son fonctionnement altéré, créant des surcharges de tension sur certains muscles et tissus du corps qui est alors obligé de compenser. Ces compensations entraînent un dérèglement de tout le système, initiant ce que l'on appelle le cycle de la douleur. La douleur favorise aussi un mauvais fonctionnement du système créant d'autres compensations et ainsi de suite...

Comprendre la manière dont fonctionne l'ensemble de ce système complexe est donc fondamental pour comprendre pourquoi une vieille entorse de la cheville mal ou incomplètement soignée peut provoquer des douleurs au genou ou au dos par exemple. Cela permet aussi de comprendre pourquoi certaines postures entraînent des maux de tête, des hernies, des lumbagos...

VOYAGE AU CŒUR DE NOTRE SYSTÈME LOCOMOTEUR

Il est composé de trois sous-systèmes :

- Le **système myofascial**, composé par les muscles, les fascias et les tendons qui vont maintenir, stabiliser, mettre en action ou encore décélérer les articulations lors de postures ou de mouvements.
- Le **système articulaire**, composé par nos articulations et nos os.
- Le **système nerveux**, composé par les nerfs et les récepteurs proprioceptifs chargés de transformer des informations mécaniques (tensions au sein du muscles, des fascias, des tendons, de la peau) en informations électriques collectées et analysées par le cerveau. Le cerveau utilise ce même système pour communiquer ensuite avec le corps.

Le système myofascial : un réseau de fibres

Ce système se compose des tissus conjonctifs qui relient les os entre eux, les muscles entre eux et les muscles aux os. Ces tissus représentent un véritable squelette fibreux. Tous les muscles et les organes du corps sont enveloppés dans le tissu conjonctif appelé fascia. Ainsi, le système myofascial est organisé. Il travaille pour maintenir une posture ou pour produire, stabiliser et réduire la force qui met en mouvement les articulations du corps. Les différentes chaînes musculaires et les muscles qui le composent peuvent, en fonction des mouvements, être des **agonistes**, c'est-à-dire des muscles qui produisent le mouvement d'une articulation. Ils peuvent aussi être des **antagonistes**, c'est-à-dire des muscles qui agissent de façon opposée aux agonistes pour freiner le mouvement de l'articulation et éviter qu'elle ne se déboîte. Par exemple, lorsque vous tendez les bras, les triceps (les muscles à l'arrière du bras) sont les agonistes du mouvement, ce sont eux qui le créent. Les biceps, eux, jouent le rôle d'antagonistes en freinant l'extension de l'articulation du coude pour éviter qu'elle ne se déboîte. Pour que les articulations fonctionnent correctement, il est important qu'il existe une relation longueur/ tension au sein de chaque muscle et une production de force égale de part et d'autre de l'articulation (couple de force).

Nous l'avons vu, les muscles n'agissent pas de façon isolée si bien que, pour produire un mouvement, un muscle agoniste est assisté dans son action par des muscles **synergistes**. Par exemple, lorsque l'articulation de la hanche fonctionne correctement, les muscles fessiers créent le mouvement (ils sont agonistes) en poussant la hanche vers l'avant, en extension. Les muscles du dos et les muscles de l'arrière de la cuisse agissent comme leurs assistants en participant à l'extension de la hanche, ils sont donc synergistes des fessiers.

Plus les mouvements sont complexes, plus ils mobilisent d'articulations et plus le corps doit stabiliser ces articulations pendant ces mouvements. Ainsi les muscles profonds de l'abdomen et du dos stabilisent les articulations lombaires et des hanches pendant que d'autres chaînes musculaires produisent le mouvement de la marche. Lorsque de gros déséquilibres musculaires existent ou lors de mauvais mouvements, il arrive aussi que certains muscles contrecarrent l'action incorrecte d'autres muscles afin de maintenir l'intégrité d'une articulation. On dit alors qu'ils sont **neutraliseurs**.

Le système articulaire et osseux

Ce système englobe les os et les articulations. Son état est dépendant des systèmes myofascial et nerveux. En effet, en cas de déséquilibres musculaires ou posturaux, les articulations et les os se retrouvent dans des positions de contrainte. Résultat : le système osseux crée des tensions sur le système myofascial et altère les informations collectées par le système nerveux via l'ensemble des récepteurs proprioceptifs. Bref, comme vous le voyez, il existe une vraie synergie et interdépendance dans l'ensemble du système du mouvement. C'est pourquoi une fracture ou une luxation demande une rééducation de l'ensemble des systèmes myofascial, articulaire, nerveux. Même chose pour une vertèbre déplacée ou une cheville qui n'est pas en place : tous les éléments au-dessus et au-dessous de l'articulation lésée reçoivent un stress anormal et compensent, ce qui aboutit à une usure prématurée des articulations et, à terme, à de l'arthrose.

Le système nerveux

Notre corps possède un vaste réseau de communication dont le poste central est le cerveau et les relais se retrouvent au niveau des vertèbres. À partir de ces postes relais partent des nerfs transportant une information électrique. Ce système permet une communication entre les différentes zones du corps. Au sein des muscles, des tendons, de la peau et des articulations se trouvent des capteurs (appelés proprioceptifs) chargés de collecter les informations sur l'état de tension de la peau, des fibres musculaires et tendineuses. L'ensemble du système nerveux collecte ces informations et les transmet au cerveau qui les trie, les analyse afin de choisir le bon programme moteur avec la correction posturale nécessaire. Ainsi, les muscles adéquats peuvent se contracter au moment opportun au niveau de la bonne articulation avec le degré de force approprié et les muscles antagonistes (opposés) peuvent se relâcher avec les bonnes tension et longueur.

Si un élément du système du mouvement est dysfonctionnel (muscles raides ou muscles faibles, articulations ne fonctionnant plus normalement, nerfs pincés), alors les informations transmises au cerveau sont faussées et tout le système s'altère. Ceci a pour conséquence, au niveau des articulations, une diminution des capacités de réduction, de stabilisation et de production de force. Du coup d'autres mécanismes neuromusculaires se produisent et induisent une modification de la posture. Ces mécanismes sont les suivants : l'inhibition réciproque, la dominance des muscles synergistes et l'inhibition articulaire.

L'INHIBITION RÉCIPROQUE

C'est le processus par lequel le cerveau diminue la tension d'un muscle antagoniste afin de favoriser la contraction du muscle agoniste. Lorsque le système est altéré, la raideur d'un muscle entraîne la diminution du tonus du muscle antagoniste. Résultat : la relation normale du couple de force autour d'une articulation est altérée. Certains muscles étant la majorité du temps en position raccourcie, les fibres musculaires ont tendance à se coller les unes aux autres créant des adhésions qui diminuent à la fois les capacités d'allongement et de contraction de ces mêmes muscles (relation tension / longueur du muscle). Par exemple, nous passons tous beaucoup de temps assis. Cette position raidit les muscles quadriceps (les cuisses) et psoas (un des muscles qui nous permet de monter le genou) et affaiblit les fessiers qui sont toute la journée en position d'étirement. D'autre part, la raideur et la tension permanentes des psoas et quadriceps inhibent la commande nerveuse censée ordonner aux fessiers de maintenir une certaine tension afin qu'un équilibre se crée autour de l'articulation. Pour compenser, ce sont les muscles au-dessus de la fesse (les paravertébraux) et au-dessous (les ischio-jambiers) qui sont utilisés à cette fin. On appelle ce phénomène la dominance des muscles synergistes.

LA DOMINANCE DES SYNERGISTES

C'est le processus par lequel les muscles synergistes compensent et exécutent le travail d'un muscle agoniste. Le problème c'est que ces muscles sont initialement présents pour assister certains schémas moteurs globaux et non pas pour les créer. Ils accumulent ainsi beaucoup de tension et de stress et, un beau jour ils s'expriment : contractures, déchirures, tendinites... Souvent la souffrance d'une zone du corps témoigne simplement que quelque chose ne va pas ailleurs.

La dominance des synergistes favorise un peu plus les différences de couple de force autour de l'articulation concernée. Plus le couple de force (c'est-à-dire l'équilibre qui doit exister entre les tensions de part et d'autre d'une articulation) est altéré, plus cette articulation perd sa capacité normale de mouvement. Et c'est dans ces cas-là que des phénomènes d'inhibition articulaire entrent en jeu.

L'INHIBITION ARTICULAIRE

C'est le phénomène neuromusculaire qui se produit lorsque le dysfonctionnement d'une articulation entraîne l'inhibition des muscles se trouvant autour d'elle. Observons le processus avec l'exemple donné un peu plus haut. La position assise raidit les fléchisseurs de la hanche (quadriceps et psoas iliaques). Cela entraîne l'inhibition réciproque du grand fessier (antagoniste). En conséquence, on observe la dominance des muscles synergistes (les ischio-jambiers à l'arrière de la cuisse et les muscles paravertébraux le long de la colonne vertébrale) pour pousser la hanche vers l'avant. L'ensemble des déséquilibres musculaires autour de la hanche diminue les mouvements normaux de celle-ci. Des phénomènes d'inhibitions neuromusculaires se mettent en place au niveau des muscles chargés de stabiliser la hanche et le bassin (muscle transverse, petit oblique, multifide et intervertébraux au niveau lombaire).

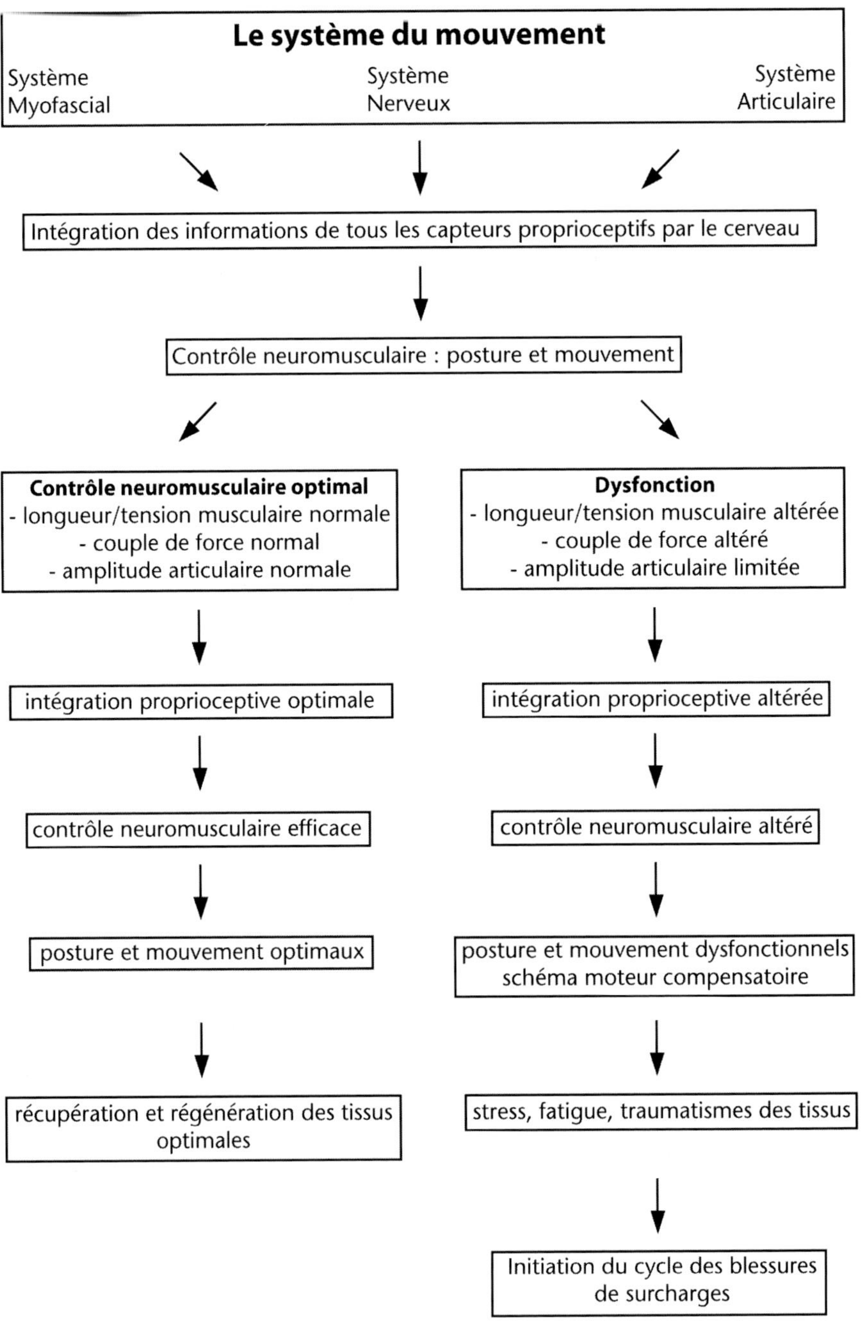
Le système du mouvement
Système Myofascial
Système Nerveux
Système Articulaire
Intégration des informations de tous les capteurs proprioceptifs par le cerveau
Contrôle neuromusculaire : posture et mouvement
Contrôle neuromusculaire optimal
- longueur/tension musculaire normale
- couple de force normal
- amplitude articulaire normale
Dysfonction
- longueur/tension musculaire altérée
- couple de force altéré
- amplitude articulaire limitée
intégration proprioceptive optimale
intégration proprioceptive altérée
contrôle neuromusculaire efficace
contrôle neuromusculaire altéré
posture et mouvement optimaux
posture et mouvement dysfonctionnels
schéma moteur compensatoire
récupération et régénération des tissus optimales
stress, fatigue, traumatismes des tissus
Initiation du cycle des blessures de surcharges

Dans la mesure où les muscles stabilisateurs de la hanche et du bassin ne font plus correctement leur travail, ces deux articulations reçoivent un stress phénoménal lors de chaque mouvement. À terme, cela aboutit à des phénomènes inflammatoires et des douleurs, notamment au niveau du dos et du bassin. Ces douleurs créent à leur tour des schémas moteurs compensatoires qui seront eux-mêmes à l'origine de douleurs. La boucle est bouclée.

Ce type de raisonnement est valable pour l'ensemble des articulations du corps. Le concept des chaînes musculaires est malheureusement mal connu des médecins et même des éducateurs sportifs en général alors qu'il est essentiel à la résolution de toutes les problématiques corporelles douloureuses.

Le schéma ci-contre récapitule tout ce que nous venons de voir.

Comme nous le voyons sur le schéma, si un élément du système du mouvement ne fonctionne pas correctement, alors l'ensemble du système devient dysfonctionnel, créant des déséquilibres musculaires en cascade. Lorsque rien n'est fait, des tensions s'accumulent, notamment au sein des muscles, des fascias, des tendons. Ces compensations nous permettent de nous mouvoir pendant des années avec un corps qui ne fonctionne plus normalement. Comme je l'ai déjà mentionné, le corps humain est un champion en matière de compensation. Jusqu'au jour où il n'en peut plus et où il le fait savoir par une contracture, une déchirure, une faiblesse musculaire, une inflammation, etc.

LES CHAÎNES MYOFASCIALES EN DÉTAIL

Comme nous venons de le voir, pour bouger ou se maintenir de façon efficace le corps utilise un système de chaînes reliant les muscles aux tendons et aux articulations par l'intermédiaire des fascias. Afin que les choses ne restent pas trop abstraites, voici quelques représentations de ces chaînes myofasciales.

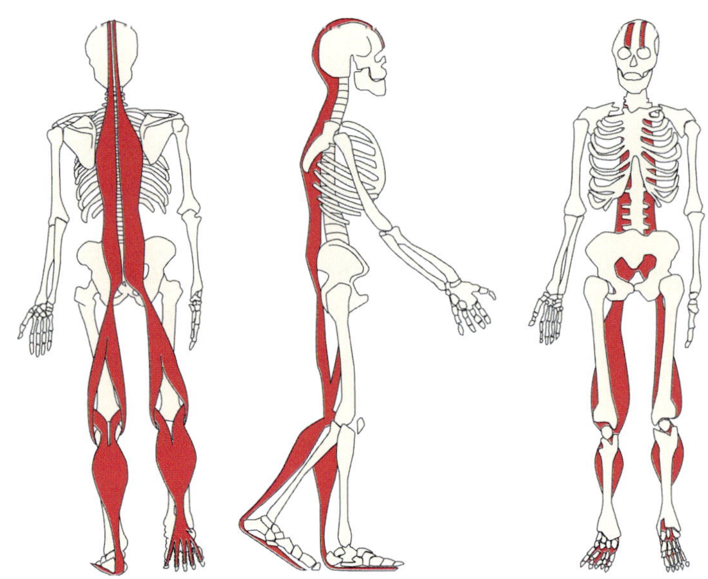

La chaîne arrière superficielle qui englobe les muscles de la voûte plantaire jusqu'au sommet du crâne.

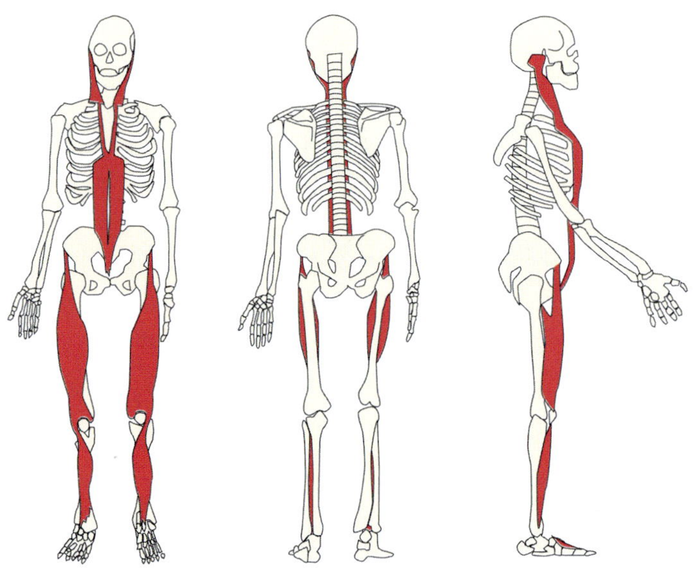

La chaîne frontale superficielle qui agit de façon opposée à la chaîne arrière.

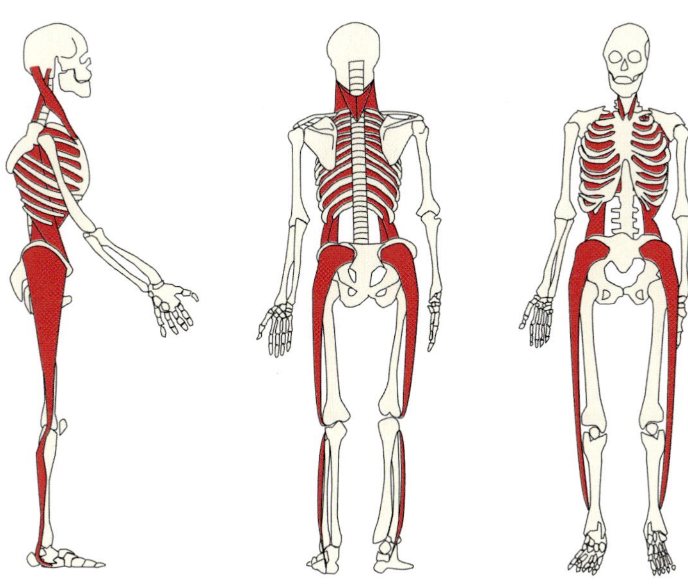

La chaîne latérale.

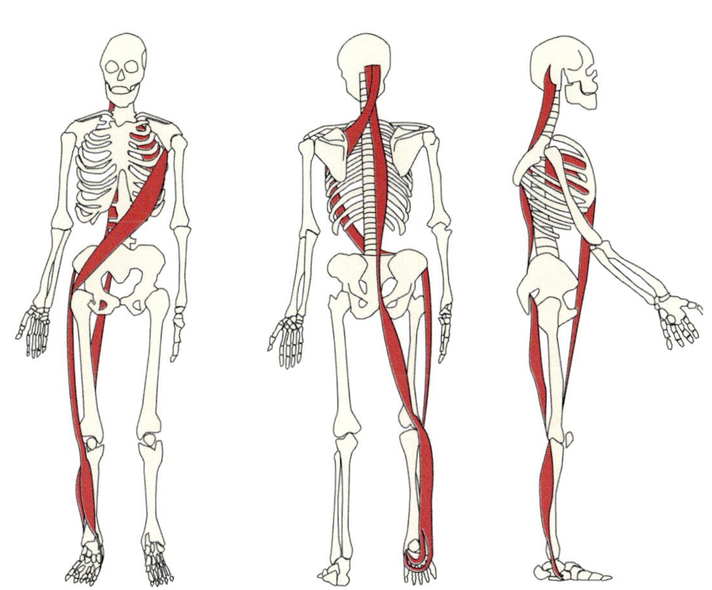

La chaîne en spirale qui permet de faire pivoter le corps ou, a contrario, de stabiliser la rotation.

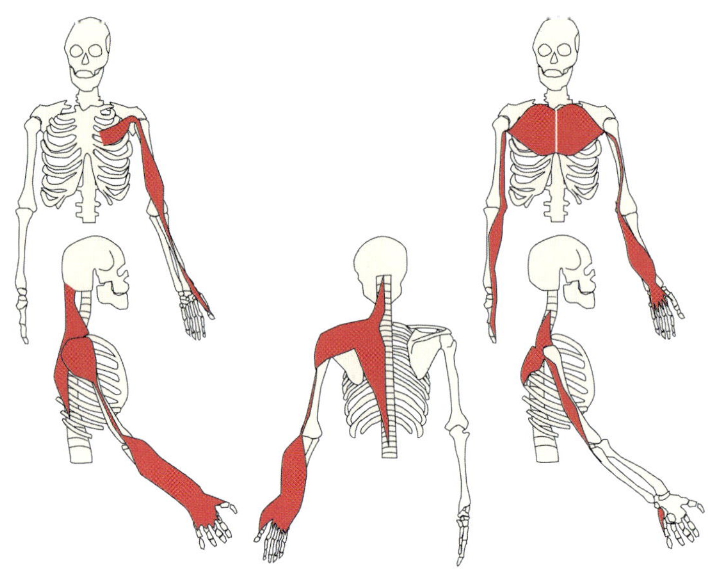

La chaîne des bras qui relie une main à l'autre par l'intermédiaire des épaules et du torse.

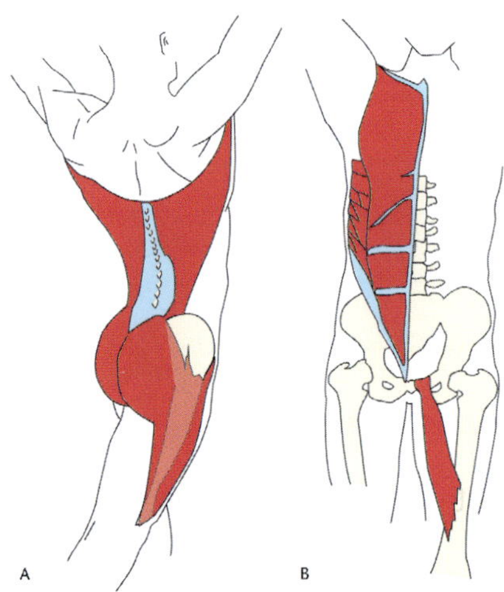

La chaîne fonctionnelle qui permet notamment de relier la chaîne des bras et le bassin afin de contrebalancer les mouvements du bassin ou des jambes lors de la marche ou de la course à pied. Elle permet aussi de générer de la puissance dans tous les mouvements sportifs.

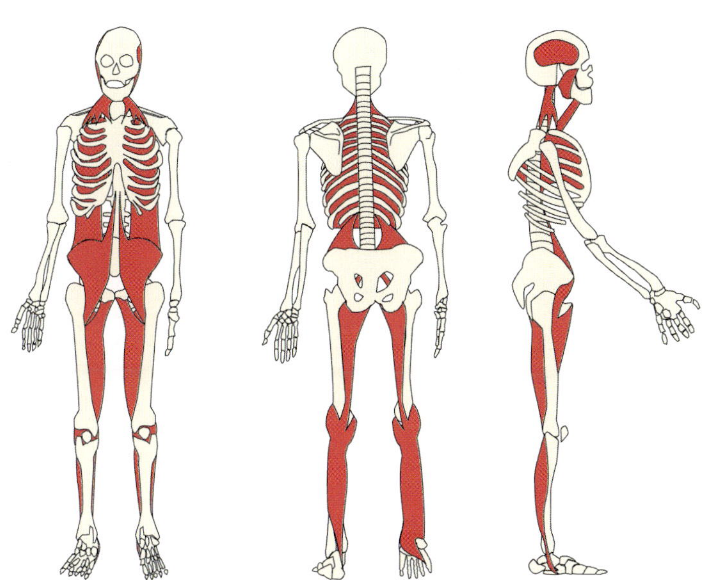

La chaîne profonde qui joue un grand rôle postural. Elle permet en effet la stabilisation des mouvements (positivement ou négativement).

Tous ces schémas n'ont pas pour mission de remplacer les planches d'anatomie existantes auxquelles ils ne sont d'ailleurs pas fidèles. Le lecteur avisé aura ainsi remarqué que certains muscles sont incomplètement représentés afin de permettre une bonne vue d'ensemble. Leur but est de vous permettre de visualiser les chaînes musculaires. Lors de chacune de nos positions, plusieurs de ces chaînes entrent en jeu afin de stabiliser, produire, freiner ou neutraliser les actions du corps. Ces vues d'ensemble permettent aussi de mieux comprendre comment le dysfonctionnement de certains muscles ou articulations entraîne des compensations et des problèmes ailleurs dans le corps.

Notre façon de bouger, de nous tenir, de travailler, de faire du sport, les traumatismes subis par notre corps, notre façon d'appréhender l'existence... tout cela, nous l'avons vu, a une influence sur les chaînes myofasciales que nous venons de voir. Ce constat nous amène aux questions suivantes :

- Comment se comportent nos muscles lorsqu'ils compensent ?

- Comment réagissent les fascias lorsqu'ils sont placés en situation de stress chronique ?
- Que se passe-t-il au sein des tissus lorsque nous adoptons une mauvaise posture ou un mauvais schéma moteur jour après jour ?

La réponse se trouve dans le chapitre suivant.

CHAPITRE 4

L'INFLUENCE DE LA POSITION ASSISE SUR LA POSTURE

De nos jours nous passons autant de temps, voire même plus, assis que debout en dehors des heures de sommeil. Dans les pays développés, l'accès au confort a généralisé l'utilisation des chaises et fauteuils. Ce n'est pas le cas dans d'autres pays (souvent moins riches) où il est encore coutume de s'asseoir à même le sol ou sur des petits coussins. Le gros problème c'est que la position assise est une position inadéquate pour le corps et particulièrement pour notre colonne vertébrale.

La position assise est particulièrement néfaste pour l'ensemble de notre système articulaire et musculaire. Elle entraîne, au fil des années, une modification profonde de l'équilibre des tensions musculaires dans le corps. Ainsi, elle transforme certaines chaînes musculaires qui représentent de véritables chaînes antigravitationnelles. C'est le cas de la chaîne postérieure du corps qui commence sous la voûte plantaire et finit légèrement au-dessus de la dernière vertèbre cervicale. En inhibant certains muscles de cette chaîne postérieure, comme les fessiers, la position assise force d'autres muscles (comme les paravertébraux) à travailler deux fois plus. Fonction pour laquelle ils n'ont pas été conçus. La gravité entraîne aussi nos épaules vers l'avant ce qui raccourcit les muscles de la poitrine et inhibe les muscles du haut du dos. Bref, la position assise modifie la façon dont le corps fonctionne. Toutes ces modifications diminuent notre capacité à bouger correctement. Moins on bouge et plus les articulations s'ankylosent à cause, d'une part, de la perte de mobilité des muscles et des tendons et, d'autre part, de la perte de liquide synovial, un lubrifiant articulaire naturel.

LES CONSÉQUENCES POSTURALES DE LA POSITION ASSISE

- Elle entraîne une perte de mobilité à long terme de l'articulation de la hanche.
- Elle provoque un relâchement de la sangle abdominale, particulièrement du muscle transverse chargé d'agir comme une gaine naturelle, ainsi qu'un relâchement des muscles paravertébraux.
- Elle efface la courbure lombaire naturelle de notre colonne, plaçant ainsi les disques vertébraux dans des positions où des contraintes énormes s'exercent sur de longues périodes. Ceci provoque des douleurs lombaires.
- Elle crée une inhibition des grands fessiers trop peu sollicités, une sorte d'amnésie de leur fonction qui est l'extension de la hanche. L'extension de la hanche sert à pousser cette dernière vers l'avant pour se lever de sa chaise, marcher, courir, frapper une balle de tennis ou une balle de golf, etc. En conséquence, ce sont les muscles paravertébraux qui se chargent de créer l'extension de la hanche ce qui entraîne des blessures de surcharge parfois accentuées par l'envie de bien faire, par exemple : « j'ai mal au dos alors il faut faire encore plus de renforcement musculaire de cette zone ».
- Elle crée un affaissement des épaules et de la tête vers l'avant ce qui affaiblit les muscles de la ceinture scapulaire (haut du dos et entre les omoplates) et raccourcit les muscles du cou, les pectoraux et les biceps. L'affaissement des épaules vers l'avant, combiné à la rétraction des muscles ischio-jambiers, modifie de manière importante notre centre de gravité. Cette modification entraîne la mise en tension exagérée de certaines chaînes musculaires avec toutes les conséquences à long terme que cela entraîne.

- Elle entraîne un raccourcissement des mollets et des muscles extenseurs du pied avec pour conséquence une modification du schéma moteur de la marche.
- Elle ne nécessite que peu de dépense énergétique et a des conséquences néfastes sur notre métabolisme, particulièrement si elle est associée à une alimentation riche en sucres et en graisses saturées.

DÉCOUVRONS NOTRE COLONNE VERTÉBRALE

Si toutes nos articulations sont importantes, la colonne vertébrale et le bassin représentent véritablement un pilier posé sur un socle. Les membres inférieurs, supérieurs et notre crâne en sont des extensions, d'un point de vue strictement anatomique bien sûr.

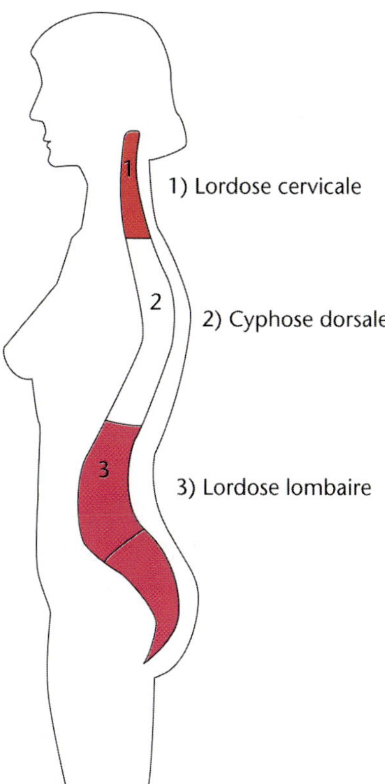

Notre colonne vertébrale, composée de 24 vertèbres, est extrêmement sensible à la perte de mobilité et à la perte de ses cambrures. L'architecture de la colonne vertébrale comprend en effet trois courbures : une lordose cervicale, une cyphose dorsale et une lordose lombaire (voir schéma de la page précédente). Or, sous l'influence de la position assise, de la gravité et de la perte progressive de tonus musculaire, ces courbures ont une forte tendance à être modifiées ce qui a des conséquences dramatiques sur les disques intervertébraux qui jouent le rôle d'amortisseurs entre chaque vertèbre (voir schéma ci-dessous).

Le disque intervertébral

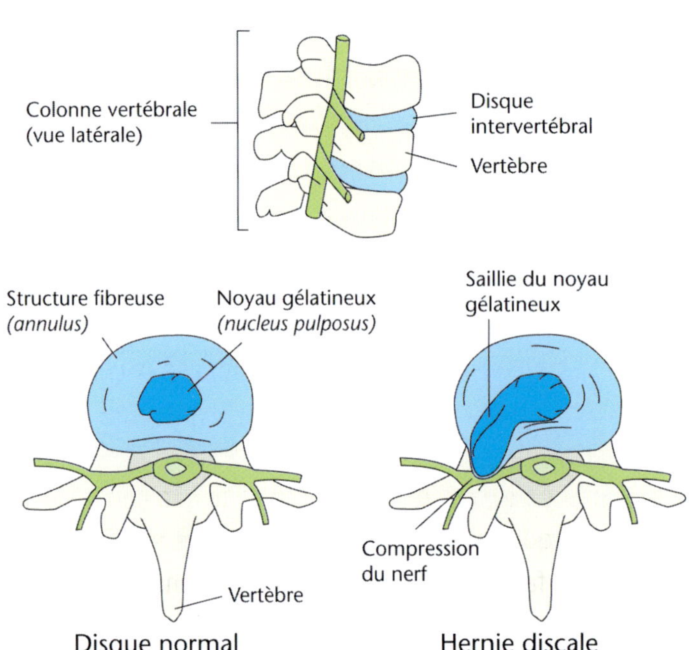

L'annulus des disques intervertébraux

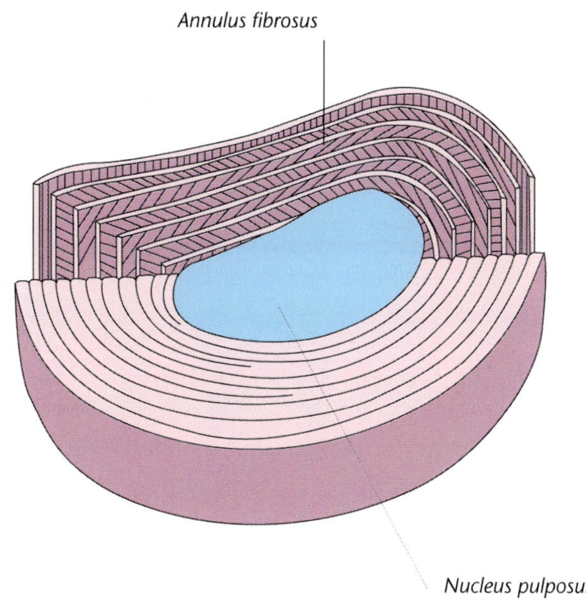

Les disques sont formés, comme on le voit sur le schéma ci-dessus, par l'annulus qui est principalement composé d'une succession d'anneaux de tissus fibreux et par le nucléus (noyau), formé par un gel très riche en eau. Lorsque nous sommes en position allongée et que nous dormons la colonne ne subit plus de pression gravitationnelle verticale ; le nucléus gonfle en se réhydratant. C'est ce gonflement des noyaux de chacun de nos disques qui provoque la raideur de notre colonne vertébrale le matin au réveil. Cette raideur devrait nous faire éviter toute flexion ou extension de la colonne vertébrale au minimum pendant une demi-heure après le lever afin que les noyaux des disques perdent un peu de fluide. Chaque flexion de la colonne dans les premières minutes de la matinée provoque en effet un stress phénoménal sur le noyau et sur les anneaux fibreux qui composent l'annulus. Malheureusement, chaque matin nous nous asseyons pour prendre le petit déjeuner puis à nouveau dans le bus, la voiture ou sur le vélo pour aller au travail ou à l'école.

Les longues stations assises que nous adoptons chaque jour entraînent des pressions très importantes sur les disques vertébraux. Ces pressions ne sont pas uniformément réparties, contrairement à celles induites par la position debout. Résultat : les disques sont plus compressés d'un côté que de l'autre. Cela a deux conséquences majeures. Premièrement, le disque ne reprend pas sa forme initiale immédiatement ce qui explique qu'on puisse se faire « bêtement » un lumbago ou une sciatique en ramassant un objet au sol ou en bougeant rapidement la colonne après être resté longtemps assis. Deuxièmement, après des années d'étirement dans la même zone, les anneaux fibreux des disques peuvent se déchirer alors même que le geste et la pression qui s'exercent sur la colonne sont anodins. Le noyau du disque peut alors se déplacer vers l'extérieur, c'est l'hernie discale. Dans ces conditions, le noyau peut aussi toucher un nerf et l'irriter. C'est la sciatique classique.

ZOOM SUR LA RÉGION DU COU ET DES ÉPAULES

Nous venons d'évoquer la classique sciatique de la jambe mais il est impossible de ne pas parler de son équivalent pour les membres supérieurs surnommée sciatique du bras ou syndrome thoraco-cervico-brachial. Il regroupe l'ensemble des manifestations liées à la compression intermittente ou permanente du nerf plexus brachial et/ou des vaisseaux des membres supérieurs (artères et veines sous-clavières). Les symptômes les plus courants : engourdissement et fourmillements dans le bras ou la main, froideur de la main, gonflement...

L'impact de la position assise et du travail de bureau dans ce type de pathologie sont clairement établis. Voyons ce qui se passe exactement.

Aujourd'hui plus que jamais, la majorité des gens tendent à passer près de 6 à 10 h assis dans des postures quasi-statiques. Lorsque les muscles se contractent, de l'énergie est consommée et des déchets s'accumulent. Avec le temps, ces déchets chimiques irritants modifient la longueur des muscles au repos et les enveloppes fasciales protectrices perdent de leur souplesse naturelle. Lorsqu'ils restent assis pendant un long moment, la plupart des individus ont tendance à s'affaler, tandis qu'ils passent de nombreuses heures assis à leur bureau, devant l'ordinateur ou la télévision. Alors que la tête, très lourde, tombe doucement vers l'avant, les omoplates se tournent vers l'extérieur et ressortent, ce qui augmente la cyphose thoracique (haut du dos voûté) et aplatit la lordose lombaire (bas du dos aplati).

Épuisés de devoir combattre la gravité, les muscles cervicaux extenseurs profonds responsables de la tenue et du redressement de la tête s'asphyxient en raison du manque d'oxygène. Lorsque la fatigue se ressent, la charge gravitationnelle se déplace vers les muscles du haut du dos et des épaules tels que les trapèzes, les rhomboïdes et la coiffe des rotateurs postérieurs.

Les muscles du haut du dos et des épaules sont dynamiques et conçus principalement pour effectuer des mouvements et un peu pour aider à stabiliser la tête. Ainsi ils ne réagissent pas bien à une charge de compression soutenue et abandonnent rapidement tandis que les muscles cervicaux profonds épuisés doivent à nouveau supporter la charge. Ce cycle de décompensation marque le début de l'effet domino qui se manifeste par une réduction de la mobilité des tissus, une perte d'amplitude de mouvement, et une posture avec la tête en avant et les épaules affaissées.

Les couches myofasciales les plus profondes qui traversent la charnière C7-T1 (dernière vertèbre cervicale et première dorsale) sont particulièrement vulnérables aux contractions isométriques soutenues dues aux postures de la tête en avant. Avec le temps, le fluide lubrifiant des fascias conçu pour offrir un glissement optimal aux gaines fasciales individuelles s'assèche, s'épaissit et devient collant. Résultat : des adhésions fasciales, des spasmes et des contractures musculaires.

Lorsque les couches de fascias adhésives se collent les unes aux autres, le mouvement spécialisé des muscles (efficace) est perdu. Les fascias sont souvent coupables d'accrocher et d'entraîner les muscles voisins. Non seulement les restrictions myofasciales gaspillent l'énergie précieuse, mais elles réduisent également la flexibilité et l'amplitude de mouvement. Un exemple exagéré de cette condition est souvent observé chez les individus qui sont obligés de tourner leur tronc entier pour regarder sur le côté. Ces individus ont généralement les épaules affaissées et la tête vers l'avant résultant d'années de schémas de mouvements répétitifs, de positions fléchies prolongées, de traumatismes et de facteurs de stress émotionnel.

Les chercheurs sont généralement d'accord pour dire que lorsque la tête s'avance, les muscles extenseurs du cou doivent isométriquement retenir (contre la force gravitationnelle) non seulement le poids de la tête mais aussi 4 kg supplémentaires à chaque fois que la tête s'avance de 2 cm. Ainsi, une tête de 5 kg qui s'avance à 6 cm du thorax oblige les muscles extenseurs du cou à soutenir l'équivalent d'une tête de 17 kg contre l'influence de la gravité.

La zone du cou et de la mâchoire étant fragile et vitale pour la survie (observation, mastication, déglutition), elle est très riche en capteurs proprioceptifs (mécanorécepteurs, nocicepteurs, chémorécepteurs).

La contraction soutenue du muscle isométrique non seulement excite les chémorécepteurs sensibles à l'inflammation, mais aussi les mécanorécepteurs spécialisés qui sont conçus pour surveiller un étirement ou une compression excessifs des capsules articulaires, des ligaments, des disques, des fascias et des muscles rotateurs du rachis. Tandis que les chémorécepteurs et les mécanorécepteurs bombardent la moelle épinière de stimuli nocifs, la moelle épinière elle-même ne peut gérer ce flux sensoriel plus intense et fait vite appel aux nocicepteurs qui préviennent la douleur. Les petits nocicepteurs peuvent envoyer des messages sensoriels en urgence à certaines zones du cerveau afin de le prévenir d'une possible détérioration du tissu. Généralement, le cerveau réagit en recouvrant la zone de protection musculaire. Cette réaction marque le commencement des cycles douleur/spasme/douleur qui ne se laissent pas briser jusqu'à ce que la posture de la tête en avant soit améliorée et qu'une activité proprioceptive normale soit restaurée.

Il est intéressant d'observer comment la stimulation excessive du cerveau active certains groupes de muscles spécifiques configurés pour protéger la zone vulnérable. Malheureusement, les premiers muscles qui sont activés sont souvent les mêmes qui sont responsables d'une posture de tête en avant (notamment les muscles sterno-cléido-mastoïdiens, les sous-occipitaux et les scalènes antérieurs). Alors que ces muscles très innervés se contractent et se raccourcissent, la tête et le cou sont tirés vers l'avant, ce qui entraîne une augmentation des spasmes et de la protection musculaire. Le cerveau fait vite appel au bataillon de troupes suivant pour tenter de retenir la tête : les muscles superficiels du haut du dos et des épaules comme nous l'avons vu.

Dans le cadre d'un syndrome thoraco-cervico-brachial ou sciatique du bras il est assez courant de recevoir comme seul traitement, une prescription de décontracturant musculaire et d'anti-inflammatoires. Si ces derniers sont hautement nécessaires dans la phase aiguë de la sciatique du bras car ils diminuent les compensations supplémentaires liées à la douleur aiguë et aident la personne à dormir, ils ne font que s'occuper des conséquences et non des causes. Des massages ou automassages, des mobilisations articulaires de la région du cou et des épaules régulièrement et le changement régulier de posture dans la journée seront également nécessaires en complément d'un programme de kinésithérapie (ou du programme de correction posturale de ce livre) et parfois de soins ostéopathiques par un praticien expérimenté (les manipulations cervicales doivent être douces). Il n'est pas rare de rencontrer des personnes avec une perte de mobilité très importante de la région cervicale, conséquence d'adhésions fasciales pouvant remonter à des années. La sciatique du bras est simplement la conséquence de cette perte progressive de mobilité des tissus autour de la région cervicale, de son impact sur le positionnement de la tête et de la compression des disques intervertébraux qui eux-mêmes compriment le nerf brachial et l'irritent de manière aiguë.

LE CAS PARTICULIER DU SPORTIF

Comme nous l'avons vu précédemment, lorsque la région du cou devient dysfonctionnelle, la musculature du haut du dos et des épaules vient à son secours et ne tarde pas à devenir dysfonctionnelle elle aussi. C'est la raison pour laquelle, face à toute douleur chronique dans la région de l'épaule et du cou, les deux zones articulaires sont indissociables et souvent problématiques.

Ceci est d'autant plus vrai chez le sportif. En plus de passer beaucoup de temps assis et donc de subir les effets négatifs de la position assise, le sportif a l'habitude d'utiliser sa musculature superficielle (celle qui est responsable prioritairement du mouvement) de manière plus efficace qu'une personne sédentaire (c'est une modification des schémas moteurs). Ainsi cela aboutit à des situations paradoxales où le sportif utilise et développe une musculature superficielle très importante, notamment au niveau du cou et des épaules, pour maintenir la tête. C'est clairement un cas de dominance des muscles synergistes dont nous avons parlé au chapitre précédent, qui va entraîner de façon très fréquente des tendinites autour de l'épaule, puis si le sportif ne fait rien, un syndrome thoraco-cervico-brachial intense et très long à soigner. En effet il faudra non seulement s'occuper de l'aspect pathologique mais également reprogrammer littéralement le bon fonctionnement musculaire de toute la zone en recréant les bons schémas moteurs. Les méthodes et programmes de ce livre vous y aideront même si vous devez accepter que le chemin soit long.

CE QU'IL FAUT RETENIR

• La position assise modifie profondément l'équilibre de notre musculature autour des articulations du cou, des épaules, de la colonne vertébrale, des hanches et des chevilles. Elle modifie également les schémas moteurs basiques.

• Aucune position assise n'est fondamentalement bonne ou mauvaise. Ce qui est mauvais c'est le maintien statique avec des contractions musculaires isométriques (statiques) même très légères et prolongé. L'important est d'éviter de maintenir longtemps (plus de 30 minutes) la même position assise en en changeant fréquemment.

• Il est important de masser et de mobiliser régulièrement dans la journée au minimum la région du cou et des épaules. La partie pratique vous proposera des conseils et des exercices à faire en journée.

CHAPITRE 5

RESPIRATION ET POSTURE

Respirer est un schéma moteur basique au même titre que marcher, maintenir une certaine posture, etc. et le bon schéma respiratoire peut se perdre au même titre que la meilleure façon de se tenir, de marcher ou de courir. Avec des conséquences (mauvaise oxygénation, fatigue, douleurs, stress...) que nous allons détailler.

LA PERTE DU NATUREL

Arrêtez-vous de lire un instant, décontractez-vous et prenez une grande inspiration puis expirez lentement.

En général on ne pense pas à notre respiration. Cet acte de tous les instants est le premier reflexe qui se met en marche à la naissance. Par la suite nous n'avons pas à y penser, la respiration fait partie des actes corporels totalement automatisés par le cerveau.

Cependant de la même manière que tous les schémas moteurs du corps peuvent être modifiés (de façon positive ou, le plus souvent, négative), respirer convenablement selon les situations peut se perdre au fil des années. Or l'impact d'une mauvaise respiration a des conséquences négatives sur l'ensemble du corps.

Il y a un instant je vous ai demandé de respirer. Comment était-ce ?

Avez-vous inspiré par le nez en gonflant votre ventre, maintenu le ventre gonflé d'air une seconde puis lentement expiré ?

Ou alors avez-vous inspiré par la bouche, gonflé la poitrine voire même haussé les épaules puis soufflé encore par la bouche ?

La majorité des gens respire de la seconde façon.

Respirer est un schéma moteur basique au même titre que marcher, maintenir une certaine posture, etc. et le bon schéma respiratoire peut se perdre au même titre que la meilleure façon de se tenir, de marcher ou de courir.

Les jeunes parents s'émerveillent toujours devant le petit ventre de leur bébé qui se gonfle et se dégonfle car le bébé adopte naturellement et instinctivement une respiration dite abdominale. Cependant plus on avance dans la vie, nous sommes sujets à différents stress physiques dont nous avons déjà parlé (mauvaises postures, traumatismes, etc.) auxquels s'ajoute le stress environnemental de notre société qui nous impacte, nous touche, élève notre anxiété, notre frustration et finit par modifier notre façon de respirer. En effet en état de stress ou d'anxiété chronique notre corps fonctionne différemment afin de faire face à un éventuel danger. Même s'il n'y a pas de menace évidente et imminente notre corps se tient prêt à fuir, combattre, etc. ce qui nécessite un schéma respiratoire d'action ou d'urgence qui lui-même augmente la tension musculaire, l'état de vigilance et d'anxiété... la boucle est bouclée.

Une mauvaise respiration va donc avoir un impact négatif puissant sur l'ensemble du corps et sur notre posture.

LES EFFETS D'UNE MAUVAISE RESPIRATION

Comme nous venons de le voir la façon dont nous respirons joue un rôle critique sur notre état physique. Lors d'une respiration rapide, saccadée, effectuée par la région thoracique et claviculaire nous sommes dans état porté vers l'action (c'est la respiration d'un sportif en action) ou de défense (c'est la respiration d'une personne stressée, anxieuse ou qui a perdu le bon schéma respiratoire). À l'inverse une respiratoire lente avec le ventre est une respiration induisant la détente et la relaxation.

Voici quelques effets négatifs (parmi beaucoup d'autres) liées à une mauvaise respiration :

- Les cellules ont moins le temps de capter l'oxygène.
- La libération de dioxyde de carbone est augmentée, ce qui crée un état d'alcalose respiratoire c'est-à-dire une augmentation du pH du sang qui crée (ou maintient) à son tour un état d'anxiété. D'une part nos muscles fonctionnent mal en état d'alcalose, mais d'autre part l'état d'anxiété favorise l'adoption ou le maintien de mauvaises postures (renfermé sur soi-même).
- Un état de stress qui dilate les pupilles, assèche la bouche et les mains moites.
- Des maux de tête.
- Une augmentation des tensions corporelles et une diminution de la capacité à se relaxer et être détendu, bien.
- Une augmentation des perceptions douloureuses.
- Un état de fatigue général.

Maintenant voici les effets plus précis d'un mauvais schéma respiratoire sur nos muscles :

- Une élévation des côtes supérieures créant une sensibilité plus importante sur les cartilages des côtes et sur les muscles intercostaux.
- La partie thoracique de la colonne vertébrale bouge et fonctionne moins bien à cause justement de l'élévation des côtes lors de la respiration.
- De nombreux muscles de la partie haute du dos et du cou (sternocléidomastoïdien, scalènes, trapèze supérieur, etc.) deviennent hyperactifs et hypertoniques favorisant la création de spasmes ou de contractures musculaires et modifiant encore plus le fonctionnement des côtes et de la partie thoracique de la colonne.
- La région cervicale perd de sa mobilité et devient plus raide à cause des muscles hyperactifs et de tous les éléments que nous venons de citer.
- Comme nous l'avons vu au chapitre précédent tous les éléments que nous venons de citer perturbent et altèrent le bon fonctionnement des épaules et de la ceinture scapulaire.

l'équilibre du système permettent de trier ces signaux. Par exemple, si vous vous tapez le pouce avec un marteau, frotter la blessure diminuera la douleur, car le frottement génère des signaux d'inhibition qui « ferment la porte » à la douleur. Un niveau intense de douleur pendant un court moment de stress génère une analgésie, un mécanisme de protection temporaire dans lequel une zone du cerveau (le système limbique) inhibe les signaux de douleur dans la moelle épinière (sur le champ de bataille, par exemple, un soldat peut ne pas ressentir une blessure jusqu'à la fin d'un combat). Toutefois, la moelle épinière est excitée par une stimulation prolongée du système limbique, soit par un stress soit par la douleur, et cette stimulation prolongée peut créer une hypersensibilité à la douleur. Les patients souffrant des douleurs chroniques ont des seuils de douleur réduits et ressentent donc la douleur de façon plus intense. La douleur est diminuée par des facteurs qui « ferment la porte » et elle est intensifiée par des facteurs qui « ouvrent la porte ». Les médicaments, les émotions, les comportements et les pensées ouvrent et ferment la porte en affectant la transmission et la modulation de la douleur.

Voici, ci-contre, un tableau qui décrit à partir d'un point de vue médical quelques-uns des éléments qui peuvent « ouvrir » ou « fermer » la porte de la douleur.

À retenir : la meilleure façon de ressentir plus de douleur est de se concentrer dessus ! Malheureusement, se concentrer sur la douleur peut conduire à un cercle vicieux.

Lorsque la douleur est chronique les stratégies et conseils indiqués ci-dessus fonctionnent moins bien pour les raisons suivantes. Quand un stimulus initial douloureux dure trop longtemps, des récepteurs spécifiques au niveau des neurones, les récepteurs NMDA, sont sensibilisés, ce qui déclenche une cascade d'événements qui conduit à une hypersensibilisation du système nerveux central. C'est ce qu'on appelle dans le milieu médical la « sensibilisation centrale ». Alors que ce processus est lancé, l'activation des NMDA modifie l'équilibre des neurotransmetteurs et le seuil d'action des nerfs, et induit la synthèse de protéines, de différents gènes, entre autres choses. Les conséquences de ces observations sont :

- Le seuil d'action des nerfs environnants est abaissé, ce qui entraîne une hyperalgésie ou sensibilité excessive à la douleur.
- Les nerfs non douloureux commencent à transporter des messages de la douleur.
- Le seuil des récepteurs opioïdes est augmenté, ce qui rend les endorphines, notre morphine naturelle, moins capables de contrôler la douleur.

• Le seuil de sensibilité à l'adrénaline ou certains neurotransmetteurs existants (noradrénaline, épinéphrine) est abaissé, ce qui facilite la transmission des signaux douloureux.
• Les champs de la douleur se propagent aux neurones dans la moelle épinière. Cela conduit à des symptômes et à une douleur non anatomique. Cela signifie généralement que les zones indemnes du corps à proximité de la blessure initiale commencent à faire mal, puis des nerfs supplémentaires sont activés, et des zones de plus en plus éloignées deviennent douloureuses.

Toute perception de la douleur augmente et la fait paraître plus grave.

FACTEURS QUI FERMENT LA PORTE DE LA DOULEUR	FACTEURS QUI OUVRENT LA PORTE DE LA DOULEUR
PHYSIQUES	
Mouvement Chaleur / Froid Massage / Stimulation mécanique Environnement / Vêtements / Meubles confortables	Inactivité Troubles du sommeil
CHIMIQUES	
Régime Suppléments Médicaments (anti-inflammatoires notamment)	Mauvaise alimentation Réactions inflammatoires aux aliments Nicotine
COMPORTEMENTAUX	
Relaxation Humour / Rire Activités agréables	Environnements très stressants Relations difficiles Isolement Soucis
ÉMOTIONNELS	
Optimisme Concentration Objectifs réalistes	Angoisse Désespoir / dépression Colère Concentration sur la douleur
STRUCTURELS	
Exercices correctifs Correction de la posture Chirurgie si nécessaire	Postures anormales Blessure Problèmes chirurgicaux ou post-chirurgicaux

À court terme, ces changements permettent la guérison en forçant la protection de la zone blessée. La sensibilisation centrale se résout habituellement alors que la blessure guérit. Cependant, chez certains patients, ces changements persistent. Plus la douleur est grave et plus elle persiste, plus il est probable que le changement deviendra permanent. Nous ne connaissons pas encore la combinaison exacte de la gravité de la douleur, sa durée, son étiologie et la prédisposition génétique la faisant devenir chronique, mais une conclusion importante est claire : le contrôle inadéquat de la douleur augmente la probabilité qu'elle finisse par devenir chronique.

Il est donc fondamental de prendre en charge immédiatement toute douleur, sans alarmisme mais de manière systématique, ou de lutter contre son augmentation lorsqu'elle devient chronique.

POSTURE, MOUVEMENT ET *TRIGGER POINTS*

Nous avons déjà vu dans le chapitre précédent de quelle manière l'état de contraction permanente, même léger, de certains muscles entraînait l'inhibition réciproque de leurs muscles antagonistes (opposés), puis la mise en place de schémas compensatoires avec la dominance des muscles synergistes (auxiliaires). Tout cela était sans compter sur l'existence de « disjoncteurs » naturels disséminés au sein de l'ensemble des 639 muscles de notre corps. Ces disjoncteurs ont été nommés « trigger points » (points gâchettes) par les Drs Travell et Simmons qui les découvrirent dans les années 1970 dans le cadre de leurs recherches sur les douleurs associées au système articulo-musculaire.

Les *trigger points* sont des nœuds ou des bandes dures qui se forment au sein des fibres musculaires et qui peuvent être clairement identifiés lorsqu'on les recherche manuellement ou lorsqu'on se fait masser. Tout le monde possède des *triggers points*, même les bébés et les enfants. Les Dr Travell et Simmons ont identifié plusieurs formes de *trigger points* :

- les *trigger points* actifs
- les *trigger points* passifs ou latents
- les *trigger points* primaires
- les *trigger points* secondaires

Tous les *trigger points* sont associés à un dysfonctionnement mais seuls les *trigger points* actifs sont associés à des douleurs à distance encore appelées douleurs référées. Les *trigger points* primaires et secondaires peuvent être actifs ou passifs.

Les *trigger points* actifs

Vraiment douloureux à la palpation, les *trigger points* actifs sont associés à une douleur existante et à d'autres dysfonctionnements. Ils peuvent varier en irritabilité d'heure en heure et de jour en jour. Les douleurs résultantes et leurs prolongations dans le temps dépendent uniquement de l'irritabilité du ou des *trigger points* impliqués et non de leur grosseur ou de la dimension des muscles affectés. Un *trigger point* actif peut devenir passif (latent) grâce au repos ou à une thérapie adéquate. Mais il n'en est pas moins indésirable.

Les *trigger points* actifs se développent lorsque les capacités des muscles sont dépassées ce qui peut être le cas lorsqu'on sollicite brutalement ses muscles sans les avoir échauffés, lorsqu'ils sont fatigués (position assise, pratique sportive trop longue ou intensive, jardinage, déménagement...) ou lorsqu'ils sont blessés.

Les *trigger points* passifs

Moins douloureux à la palpation que les actifs, les *trigger points* passifs sont associés à des restrictions de mouvement mineures et n'occasionnent pas de douleurs conscientes mais, simplement, une faiblesse et une fatigue dans la région des muscles concernés. C'est une des raisons pour lesquelles ils passent inaperçus au quotidien. Cependant il suffit de se faire masser pour qu'on les ressente. Ainsi, lorsque l'on vous masse les épaules sans que vous ayez de douleur consciente, vous ressentez des points, des nœuds ou des bandes douloureuses qui sont aussi ressentis sous les doigts de votre masseur.

Les *trigger points* passifs peuvent facilement passer à un état actif à la suite d'un étirement excessif ou trop prolongé ou d'un traumatisme.

Les *trigger points* primaires

Ils résultent d'une blessure physique ou d'une irritation locale causée par un déplacement vertébral ou articulaire mineur. Un *trigger point* primaire, en entraînant des douleurs, augmente le stress dans un autre muscle et produit un ou plusieurs *trigger points* secondaires dans le même muscle ou dans d'autres muscles appartenant à la même chaîne myofasciale.

Les *trigger points* secondaires

Ils se développent à cause des douleurs référées par un *trigger point* actif. Des muscles fatigués ou en mauvaise forme sont très disposés aux blessures et au développement ou à l'activation de *trigger points*.

Nos mauvaises postures quotidiennes favorisent la création de *trigger points* et, par extension, initient le cycle de l'inflammation. Prenons l'exemple d'une personne qui a un travail de bureau. On estime à 6h30 le temps passé assis sur les 8 h en moyenne de travail quotidien. Lorsqu'ils sont assis, la majorité des individus ont les épaules tournées vers l'avant avec les bras fléchis. Cette position favorise une tension permanente des muscles de la poitrine, des biceps, des fibres supérieures des trapèzes, des muscles devant le cou ainsi que du grand dorsal (le muscle qui fait un dos en V). Les muscles antagonistes (notamment les muscles du haut du dos entre les omoplates, ceux au niveau des cervicales, certains muscles derrière les épaules ainsi que ceux placés le long de la colonne vertébrale) sont donc simultanément en position d'étirement et de légères contractions afin d'éviter que nous ne nous effondrions complètement. Des *trigger points* se forment ce qui entraîne l'initiation du cycle de l'inflammation. Et nous avons vu que le cycle de l'inflammation aboutissait à la création de tissus conjonctifs inélastiques appelés adhérences.

Pour simplifier : comme la tension et l'étirement des muscles de votre dos nécessaires au maintien de votre mauvaise posture occasionnent une grande perte d'énergie, votre organisme remplace une partie de ces muscles par des « sangles » inélastiques qui n'occasionnent pas de dépense d'énergie inutile. Ces sangles inélastiques diminuent l'amplitude de mouvement des articulations modifiant encore les déséquilibres musculaires et les compensations.

Nous verrons plus loin, dans la partie pratique de ce livre, que nous pouvons diminuer l'activité de nos *trigger points* et supprimer ou atténuer les adhérences qui se sont formées dans les fascias en exécutant certains exercices. Effectués quotidiennement, ces exercices deviendront très vite des gestes hygiéniques aussi indispensables que se laver ou se brosser les dents.

Voici un schéma qui résume l'influence du cycle de l'inflammation et des *trigger points* sur l'ensemble du système du mouvement.

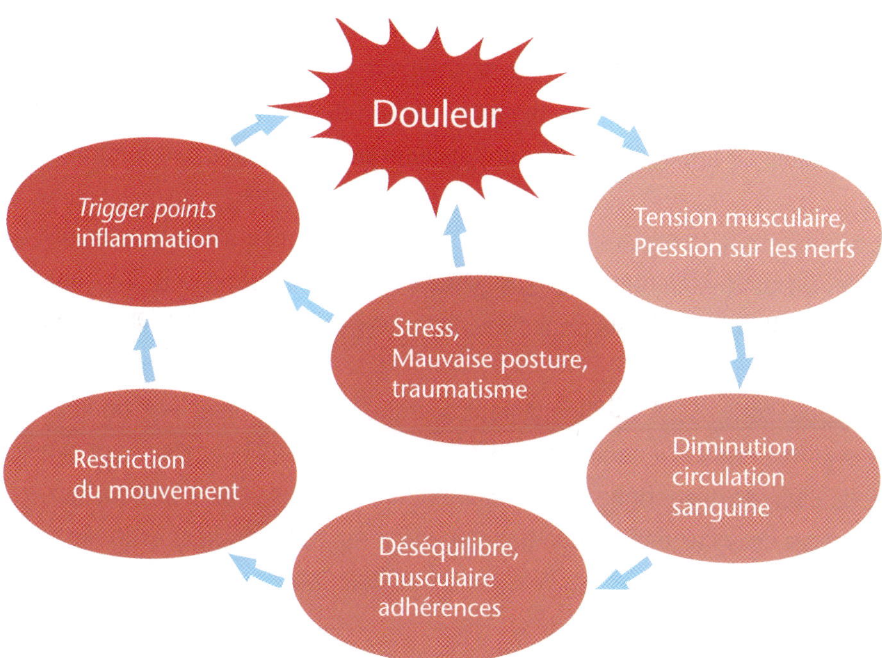

Pour aller plus loin

Une des caractéristiques principales des *trigger points* est qu'ils sont durs au toucher, ce qui ne signifie pas pour autant que toutes les zones dures ou tendues de la musculature sont des *trigger points*.

Si une zone du muscle est juste dure ou tendue mais ne présente aucune autre caractéristique des *trigger points* alors cette zone est juste tendue car congestionnée à cause d'une contracture ischémique. Cette ischémie résultant d'une mauvaise circulation locale, ou d'une énorme quantité d'adhérences sur une zone particulière de stress musculaire.

Les *trigger points* sont des zones ultracompactes ou des bandes hypercontractées nodulaires au sein du muscle et sont palpables. Ils seront toujours **ressentis comme des petits pois**, des pois chiches ou des morceaux de spaghettis non cuits. Ils déclenchent toujours une douleur à distance. La douleur lorsqu'on les stimule ressemble à une **brûlure d'intensité et de radiation croissantes**. Certaines personnes décrivent également une sensation de grosse piqûre avec irradiation électrique autour (cela ne s'invente pas !). Personnellement c'est plutôt la sensation de brûlure qui prédomine sur les *trigger points* qui m'embêtent parfois.

Les *trigger points* se trouvent généralement en conglomérats donc même si vous pensez en avoir désactivé un, vous devez chercher à désactiver les autres au sein de la musculature. Cela peut prendre du temps au début, cela peut être douloureux, et c'est la raison pour laquelle il faudra le faire sur plusieurs séances. Nous y reviendrons.

Autre facteur à considérer : les *trigger points* ne sont pas juste localisés au cœur du muscle. On peut également les retrouver dans les tendons et certains chercheurs ont même documenté des douleurs issues de *trigger points* à l'intérieur de ligaments. Quelques exemples :

Les douleurs induites par le ligament sacrotubereux envoient une douleur dans l'arrière de la jambe et dans le mollet, similaire à ce que les gens imaginent être une sciatique.

La douleur référée induite par le ligament ilio-lombaire que l'on peut ressentir dans les adducteurs ou à l'extérieur de la hanche et qui est souvent diagnostiquée comme une bursite du grand trochanter.

Derniers facteurs importants, dans le cas de blessure ou d'articulation instable, les *trigger points* peuvent s'activer afin d'offrir une raideur protectrice à la zone en question. Lors d'une blessure on laissera les processus de cicatrisation se mettre en place (après quelques jours) puis on pourra commencer à « travailler » sur les *trigger points*. Dans le cadre d'une articulation douloureuse et/ou instable il sera fondamental d'associer le travail d'automassage et de correction posturale lors de chaque séance afin d'optimiser le fonctionnement de l'articulation, sa stabilisation et les schémas moteurs associés. Les programmes du livre sont faits pour ça !

TRIGGER POINTS ET MÉDECINE CHINOISE

70 % des *trigger points* se trouvent sur les méridiens d'acupuncture chinois, les fameux points que le thérapeute de médecine chinoise stimule avec des aiguilles. En médecine chinoise, ce type de point douloureux correspond à une stagnation du *chi*, l'énergie vitale qui circule dans le corps humain. Pour la faire circuler la médecine chinoise stimule ces points avec des aiguilles et ou des massages et ce, depuis plus de 5000 ans !

Quelques exemples de *trigger points*

N'importe quel muscle peut développer un *trigger point* et de nombreuses études le montrent aujourd'hui.

Très souvent, les *trigger points* sont trouvés dans les muscles antagonistes à ceux qui sont constamment contractés. Un bon exemple est le muscle infra-épineux (un des muscle de l'épaule). Lorsque vous êtes en position assise les épaules en avant, l'infra-épineux exerce un maintien excentrique permanent (il est contracté et étiré simultanément). Après des mois ou des années de ce type de traitement quotidien le muscle s'est étiré, allongé afin de s'adapter à cette position assise qui lui fait dépenser trop d'énergie et opposer moins de résistance. Cependant des bandes entières de fibres musculaires restent contractées (amas de *trigger points* et d'adhérences) pour contrer malgré tout les effets négatifs de la position assise sur les épaules et les bras en rotation interne.

Chez un individu, actif ou sportif ou qui pratique la musculation il est par exemple fréquent d'entendre parler de tendinites au niveau du biceps ou de conflit articulo-tendineux au niveau de l'épaule. Or chez ces mêmes individus qui combinent la position assise et une pratique musculaire intense il est également très fréquent de trouver de nombreux *trigger points* dans l'infra-épineux. Pour vous tester vous-même et particulièrement si vous avez des douleurs au niveau de la région de l'épaule ou du bras, prenez une balle de tennis et placez-la sur un mur. Appuyez-vous au niveau de l'omoplate et faites-la rouler doucement. Très souvent cet automassage est douloureux, car l'infra-épineux souffre de la position assise. Très souvent également vous ressentirez des « petits pois » ou des « pois chiches » ou carrément une bande de « spaghetti » collés au sein du muscle. Si, en plus, lorsque vous appuyez sur la zone, vous déclenchez une douleur au niveau de l'épaule ou une similaire à celle que vous ressentez, alors vous avez clairement identifié une zone à *trigger points*.

La stratégie classique qui consiste à faire du renforcement musculaire spécifique sur l'infra-épineux devient alors caduque et dangereuse puisqu'elle va augmenter encore plus le nombre de *trigger points* dans l'infra-épineux ce qui engendrera des compensations musculaires et l'éventuelle mise en place de *trigger points* satellites dans d'autres muscles adjacents. La première des choses à mettre en place sera la pratique d'automassages pour désactiver les *trigger points* en présence. C'est ce que je vous recommande dans la partie *Agir*.

Les *trigger points* se retrouvent également dans les **muscles contractés de façon chronique** même et surtout lorsque cette contraction est faible mais a lieu sur de longues périodes comme au cours de la position assise. Quelques bons exemples :

- le **faisceau supérieur du trapèze** constamment contracté dans la position assise et qui aide au soutien de notre tête. Prenez votre main gauche et placez-la sur le côté externe de votre cou à droite (en passant l'avant-bras devant votre visage). Pincez le trapèze doucement et massez la zone. Il est fréquent de retrouver des *trigger points* dans cette zone et il est également fréquent que leur stimulation génère une douleur similaire à un mal de tête localisé au niveau de la tempe droite et de l'œil droit (de type migraine ophtalmique).
- Le **petit pectoral** s'insère sur votre omoplate et sur vos côtes. En position raccourcie, il accumule beaucoup de *trigger points* et d'adhérences ce qui tracte votre omoplate vers le haut et l'extérieur avec pour conséquence la mise en tension permanente et la création de *trigger points* dans les fibres basses du trapèze et au niveau du grand dentelé. Si vous pratiquez des exercices de musculation, du canoë, de l'escalade, de la boxe ou des arts martiaux ou tout action qui demande un mouvement stabilisé au niveau de l'omoplate dans les conditions de restriction que nous venons d'évoquer et c'est l'ensemble des muscles autour de l'épaule qui doivent compenser ce qui peut générer des *trigger points* !
- Des *trigger points* au sein du **muscle psoas ou moyen fessier** peuvent induire une faiblesse de ces muscles. Un psoas avec des *trigger points* stabilisera moins bien l'étage lombaire et participera moins à la flexion de la hanche (monter le genou) ce qui forcera le droit antérieur du quadriceps à effectuer deux fois plus de travail de flexion avec en perspective des tendinites possibles au niveau du ligament rotulien, des déchirures du droit antérieur. Dans le cas de *trigger points* au niveau du moyen fessier, la stabilisation du genou se fera moins bien avec pour conséquence l'utilisation du tenseur de fascia lata et le risque de tendinites à l'extérieur du genou qui en découle (très fréquent chez les coureurs).

Gardez en tête que n'importe quel muscle peut développer ou contient déjà des *trigger points* et qu'en cas de douleur ou de blessure il faut impérativement agir dessus afin d'avoir une action profonde sur le corps.

Voici les facteurs déclenchant l'activation de *trigger points*.

Facteurs d'activation prioritaires :

- Contraction musculaire prolongée (cause émotionnelle, posturale, ou physique).
- Traumatisme avec réaction inflammatoire localisée.
- Conditions environnementales extrêmes (chaleur, froid, humidité sécheresse).
- Immobilisation prolongée (alitement, position assise...).
- Fébrilité virale.
- Déséquilibre biochimique profond (mauvaise alimentation, hydratation, déséquilibre hormonal).

Facteurs d'activation secondaires :

- Les muscles synergistes et antagonistes à ceux contenant déjà des *trigger points* peuvent également en activer.
- Infections bactériennes.
- Allergies alimentaires ou autres.
- Déficit vitaminique et minérale (vitamine C, vitamines du groupe B, magnésium, fer).
- Hypo- ou hyperthyroïdie.

Comme nous venons de le voir de nombreuses situations courantes et qui peuvent s'additionner sont susceptibles d'activer ou de moduler l'intensité des *trigger points.* À ce titre **les *trigger points* servent de baromètre de notre niveau de stress. Restez à l'écoute de votre corps.**

Beaucoup de *trigger points* = beaucoup de stress (ils peuvent être multiples)

Trigger points qui reviennent toujours au même endroit = mauvaise posture, mauvais mouvement, posture maintenue trop longtemps, etc.

COMMENT DÉSACTIVER OU LUTTER CONTRE LES *TRIGGER POINTS* ?

Le moyen le plus simple est de s'en occuper soi-même !

Comment ? En s'automassant. Pour cela nous utiliserons dans la partie pratique plusieurs « outils » d'automassage :

- un bâton de massage
- un rouleau de massage avec des reliefs
- une balle de tennis
- nos doigts ou nos mains

Si les automassages agissent de manière globale sur l'état des tensions musculaires, augmentent la circulation sanguine, agissent sur les fascias et les adhérences, lorsqu'on recherche ou que l'on souhaite agir sur un ou des *trigger points* il faudra être précis, lent, progressif et attentif aux mauvaises douleurs référées qui signeront la présence d'un ou plusieurs *trigger points*.

Une fois ces points localisés comment agir ?

- Protocole CTS* 1 : effectuer un maintien statique de 5 secondes, puis relâcher de 50 % de votre pression pendant 5 secondes, puis recommencer ainsi pendant 50 à 60 secondes (6 compressions).
- Protocole CTS* 2 : effectuer un maintien statique de 5 secondes, puis relâcher de 50 % la pression, puis faire suivre par un automassage très lent de la zone en passant 4 à 8 fois (selon la vitesse) doucement sur le *trigger point*.

Le facteur le plus important est que le *trigger point* se relâche. Si ce n'est pas le cas cela peut signifier que la pression exercée est trop forte, relâchez-la. Si la tension du *trigger point* diminue, essayez simplement de maintenir la pression ou le micromassage quelques secondes plus. Si la tension stagne voire remonte, n'insistez pas et allez masser une autre zone. Gardez en tête que **vous ne pourrez pas désactiver un *trigger point* actif en une séance d'automassage**. Il faudra donc réitérer l'opération plusieurs fois par jour si vous le pouvez. **L'important étant la fréquence plus que l'intensité** de l'automassage. Restez patient et progressif dans votre approche. Certaines personnes et lecteurs trop enthousiastes d'avoir découvert des solutions à leurs problèmes corporels ont trop massé d'un coup et ont obtenu de grosses tensions et courbatures dans les heures ou jours suivants. **La tension et la dureté d'un *trigger point* doit toujours diminuer au massage**.

* lire page 12

Quelle est la bonne pression de massage ?

Sur une échelle de douleur de 1 à 10, 1 étant une pression non douloureuse et 10 une pression avec une douleur intolérable, restez entre 5 et 7. Dans tous les cas la douleur et la tension du *trigger point* doivent diminuer.

Que faire après ?

Massez-vous de manière plus générale afin de faire circuler le sang, mobiliser vos articulation doucement et progressivement (voir les circuits dans la partie pratique). Essayez le plus possible de limiter l'exposition au mouvement ou à la posture qui, selon vous, a activé les *trigger points*.

En résumé

- Trouver un *trigger point*.
- Maintenir une pression comprise entre 5 et 7 sur l'échelle de la douleur.
- Maintenir cette pression au minimum 10 à 15 secondes ou dans tous les cas jusqu'au relâchement de la tension du *trigger point*.
- Lorsqu'un relâchement local et dans la douleur référée se fait sentir, aller plus loin ou plus profondément pour agir sur un autre *trigger point* (souvenez-vous, les *trigger points* sont toujours présents par petits amas).
- Ne pas trop insister sur une zone et préférer de petites séances de massage de *trigger points* régulièrement dans la journée plutôt qu'une grosse. Quelques secondes toutes les heures par exemple. Les résultats seront plus rapides.
- Une fois le *trigger point* désactivé, favoriser le mouvement doux et la circulation sanguine générale (mobilisation articulaire, marche).

CE QU'IL FAUT RETENIR

Souvenez-vous que toutes les zones musculaires tendues ne sont pas des* trigger points. *Dans tous les cas, les zones avec* trigger points *sont rarement l'unique problème mais font plutôt partie d'un tableau plus généraliste mêlant tensions musculaires, mauvaises postures, stress émotionnel, activités sportives trop intenses, mauvaise hygiène de vie !

brillant. Pour qu'une articulation assure sa mission, permettre un mouvement sans friction mais aussi absorber les chocs, elle doit impérativement disposer de ces deux éléments : le liquide synovial et le cartilage. Lors d'un mouvement, vos articulations se mettent en mouvement et le cartilage réduit les frictions avec l'aide de la synovie qui, elle, facilite le glissement, un peu comme de l'huile qu'on mettrait pour favoriser le mouvement d'une porte afin d'éviter qu'elle ne grince. Lorsque l'articulation subit une pression, le cartilage est comprimé. Quand la pression se relâche, le cartilage retrouve ses dimensions d'origine : il joue donc le rôle d'amortisseur. Mais ce n'est possible que si le cartilage est en bonne santé car, comme tous les tissus, le cartilage est vivant.

QU'EST-CE QU'UN CARTILAGE SAIN ?

Le cartilage est un tissu blanc ou jaunâtre, élastique et flexible. Il est composé à 75 % d'eau. Sa masse sèche comprend 95 % de collagène, une protéine, mais aussi des protéoglycanes (grosses molécules riches en eau) et des cellules spécialisées, les chondrocytes. Ces 3 éléments sont fondamentaux pour sa réparation et sa santé :

- **Le collagène forme un réseau de fibres solides qui donnent sa forme au cartilage et qui retiennent les protéoglycanes.**
- **Les protéoglycanes attirent et retiennent l'eau ce qui crée une sorte de gel qui peut se compresser et surtout reprendre sa forme après avoir été déformé.**
- **Les chondrocytes réparent le cartilage en fabricant du collagène et des protéoglycanes.**

QUAND L'INFLAMMATION S'EMPARE DE L'ARTICULATION

Lorsqu'une articulation subit des contraintes permanentes, comme c'est le cas dans les dérèglements posturaux et musculaires, elle s'enflamme. Les chondrocytes ou la synovie libèrent des molécules inflammatoires, les interleukines. La présence de ces molécules inflammatoires encourage les chondrocytes à en libérer davantage : l'inflammation devient chronique. Le cercle vicieux de l'inflammation est lancé, d'autant plus que, l'articulation nous faisant souffrir, d'autres schémas moteurs de compensation se mettent en place.

Ces nouveaux schémas peuvent augmenter les contraintes sur d'autres articulations qui peuvent s'enflammer à leur tour.

Il existe dans certains cas un terrain génétique qui favorise l'inflammation. Un tel terrain expliquerait au minimum 15 à 20 % des cas d'arthrose après 55 ans. Si votre père ou votre mère souffre d'arthrose, vous avez une chance sur deux d'avoir hérité de cette susceptibilité. Le surpoids est aussi une cause majeure d'arthrose, en particulier d'arthrose du genou, lombaire et du bassin, à cause de la pression qui s'exerce sur l'articulation et qui force les chondrocytes à libérer les interleukines.

À QUOI RESSEMBLE UNE ARTICULATION ATTEINTE D'ARTHROSE ?

Dans l'arthrose, le collagène et les protéoglycanes du cartilage ont en grande partie disparus. Ils ont été littéralement « digérés » par des enzymes activées par l'inflammation. En effet, lorsqu'il est en bonne santé, le chondrocyte produit naturellement des enzymes qui sont chargées de dégrader les grosses molécules du cartilage devenues inutiles ou trop usées. Problème : sous l'effet de l'inflammation, le chondrocyte fabrique beaucoup trop de ces enzymes. De plus, les chondrocytes enflammés ne sont plus capables de synthétiser du cartilage neuf pour remplacer celui qui a été « digéré » en excès. Et comme si cela ne suffisait pas, une partie des chondrocytes est éliminée. Or, à l'âge adulte, les chondrocytes ne se régénèrent plus. Ceux qui ont été détruits par l'inflammation ne sont donc jamais remplacés et ceux qui restent sont affaiblis ou dégénérés. Ils ne parviennent plus à fabriquer de cartilage ou alors un cartilage de mauvaise qualité. En résumé, plus la maladie avance, moins il y a de cartilage et moins il y a de chondrocytes pour le régénérer.

Dans le liquide synovial, les mêmes mécanismes sont à l'œuvre. Au début de l'arthrose, le liquide synovial est peu enflammé. Mais dans les stades plus avancés, on assiste à une véritable inflammation chronique de la synovie.

Après plusieurs années les débris articulaires qui apparaissent dès les premières lésions entretiennent aussi l'inflammation, notamment dans le liquide synovial, car ils attirent des cellules nettoyeuses qui produisent elles-mêmes des médiateurs inflammatoires. La membrane synoviale s'abîme et s'épaissit. Le seul moyen de retrouver l'usage de son articulation, c'est d'arrêter la destruction du cartilage existant et, si possible, d'amener les chondrocytes à synthétiser à nouveau du cartilage pour remplacer celui qui a disparu. Pour cela, il faut commencer par enrayer définitivement l'inflammation, ce qu'aucun médicament actuel ne sait faire.

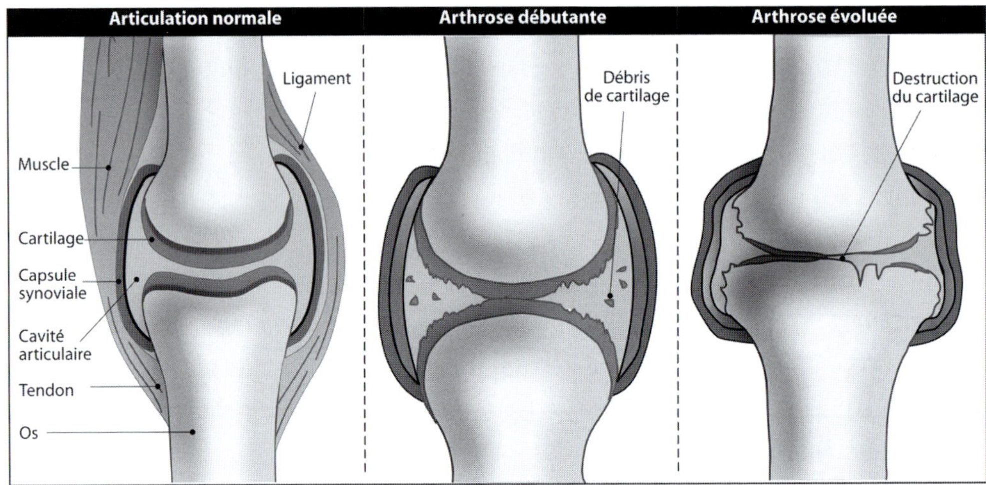

LES SOLUTIONS ANTI-ARTHROSE

Nous verrons dans le chapitre sur la nutition anti-inflammatoire que l'alimentation revêt une importance capitale dans la gestion de l'inflammation et dans les mécanismes de développement de l'arthrose. Mais on dispose aussi d'un autre moyen : le rééquilibrage postural et musculaire. En effet, en rétablissant un alignement correct de l'ensemble du système du mouvement, on diminue la pression sur les articulations ce qui réduit l'inflammation et, de ce fait, l'activité des chondrocytes ainsi que le cercle vicieux d'autodestruction dans lequel l'articulation s'est enlisée.

Enfin, le mouvement et le sport en général sont plutôt conseillés aux personnes souffrant d'arthrose dans la mesure où ils favorisent la circulation sanguine dans les tissus, y compris ceux du cartilage. Toutefois, il est aussi conseillé d'éviter certains sports selon les types d'arthrose et le degré d'intensité de celle-ci. Le tout est de mesurer le rapport bénéfice/risque. Par exemple, dans le cas d'une arthrose de genou, faut-il arrêter toute activité qui sollicite cette articulation ? Faut-il arrêter la pratique du football ou du tennis ? Pour moi, la réponse est non. En effet, ces deux sports sollicitent beaucoup cette articulation, notamment à cause des arrêts brutaux ou des changements de direction. Pourtant, toutes les actions explosives de ces deux activités entraînent le maintien ou le développement musculaire au niveau des jambes. Et si vous maintenez un bon couple de forces autour de l'articulation du genou et de la hanche, alors l'énergie qui se propage lors de vos mouvements sur le court ou le terrain sera correctement distribuée et absorbée par l'ensemble du système articulo-musculaire. En clair, vos muscles et vos tendons absorberont une partie de l'onde de choc ce qui soulagera votre genou. Cependant, ce type de raisonnement doit être complet. Si le soir ou le lendemain votre articulation ne vous fait pas mal, n'est pas gonflée, alors vous pouvez effectivement vous permettre de continuer à pratiquer vos activités favorites. En revanche, si la douleur survient c'est que quelque chose ne va pas : couple de forces altéré (la différence de force entre le muscle agoniste et son antagoniste est trop importante), poussée inflammatoire de l'articulation, pratique trop intensive... Dans ce cas, n'hésitez pas à consulter un médecin du sport.

CHAPITRE 8

ÉMOTIONS ET POSTURES

Impossible d'aborder les douleurs du corps sans parler des interactions entre le cerveau et le reste de l'organisme. Si les manifestations et sensations corporelles douloureuses ne peuvent parfois pas être mises en évidence par l'examen médical, les analyses biologiques ou encore par l'imagerie médicale, les personnes en souffrance vous certifieront cependant que leur douleur n'est pas « imaginaire ».

Nous avons déjà évoqué l'influence réciproque que le corps et le cerveau avaient l'un sur l'autre, notamment en matière de posture et de schémas moteurs. Nos émotions, en rapport avec notre façon d'appréhender l'existence, de gérer les différents stress psychologiques ou émotionnels, jouent aussi un rôle important en termes de mauvaises postures, de modification des schémas corporels et de douleur.

LE STRESS, UNE QUESTION DE CERVEAU

Trois zones du cerveau se partagent l'analyse des événements (extérieurs comme intérieurs) de notre organisme :

- **le cerveau reptilien** ou hypothalamique qui gère nos fonctions vitales et notre survie. C'est aussi lui qui déclenche ce qu'on appelle la phase d'alarme en cas de stress. La phase d'alarme nous est très familière et se traduit par une accélération de la fréquence cardiaque et respiratoire, une augmentation du tonus musculaire avec production de chaleur, la dilatation des pupilles...
- **le cerveau limbique** ou émotionnel qui est le lieu de stockage de nos apprentissages et de nos émotions. C'est cette zone du cerveau qui stocke les épisodes stressants de notre existence pour y faire face de façon efficace en cas de récidive.
- **Le cerveau cognitif** ou cortical qui est la zone de toutes les intelligences au sens large.

Les parties reptiliennes et émotionnelles de notre cerveau n'ont pas beaucoup évolué depuis des milliers d'années. Elles déclenchent l'alarme corporelle dès qu'une situation, une attitude, une idée semble être compromettante pour notre intégrité physique ou émotionnelle.

Notre attitude face au stress est fortement reliée à notre personnalité. En effet, chacun de nous possède une personnalité structurée par son éducation et ses expériences de vie. Le cerveau a traité et enregistré ces informations en les associant à des sensations, des émotions, des sentiments. Les facteurs de stress nous toucheront donc plus ou moins en fonction de notre vécu et des archives psychologiques que nous aurons enregistrées.

Pour fonctionner au quotidien notre cerveau, grâce à ces trois zones majeures, utilise quatre instincts principaux :

- L'état de calme, apparenté à notre notion du bonheur : « tout va bien ».
- L'état d'urgence de fuite, caractérisé par l'évitement du danger physique ou psychologique, la peur, l'anxiété et l'angoisse.
- L'état d'urgence de lutte, déterminé par la colère, l'agressivité, la violence.
- L'état d'urgence d'inhibition, caractérisé par la baisse de l'estime de soi, la soumission, la tristesse, le découragement.

À chaque fois que l'on se trouve en « état d'urgence », c'est que nous subissons un stress. Cela implique que nous ayons déclenché notre alarme interne et le cortège de manifestations physiologiques qui l'accompagne, dont l'augmentation du tonus. Or, nous avons vu dans les chapitres précédents que l'augmentation du tonus musculaire signifie élévation de la tension des muscles. Ceci implique aussi la possible création de *trigger points*. Voilà une première conséquence du stress sur notre posture.

Compte tenu de la société dans laquelle nous évoluons et des nombreux facteurs de stress psychologique auquel nous devons faire face, nos émotions ont donc clairement une place dans la genèse de nos douleurs et de nos mauvaises postures. À chaque fois qu'on vous demande de faire quelque chose que fondamentalement vous n'avez pas envie de faire, mais que vous acceptez par diplomatie ou par obligation professionnelle, il se produit une forme de conflit interne qui génère une modification de votre posture. Souvenez-vous des nombreuses fois où l'on vous a dit « si tu n'avais pas envie de faire cela ou de venir avec moi, il ne fallait pas le faire. Tu as fait la tête toute la journée, tu étais tendu(e) et distant(e) ». Beaucoup de nos actions quotidiennes génèrent ainsi des tensions, des *trigger points*, des spasmes musculaires, une modification de notre posture.

Les traumatismes, tant physiques qu'émotionnels, laissent aussi des traces, des tensions qu'il faut détecter et chercher à évacuer. Lorsqu'une personne se blesse physiquement elle garde des traces, des cicatrices au sein des fascias, elle crée de nouveaux schémas moteurs. Mais la douleur, le handicap, la frustration, l'abattement liés à la blessure laissent aussi des traces au niveau cérébral. Il est très fréquent que des sportifs professionnels ne retrouvent pas leur plein potentiel ou le récupèrent difficilement après une blessure, non pas parce qu'ils souffrent encore physiquement mais simplement car la peur d'un nouveau traumatisme limite l'expression de leur action sportive, modifie leur schéma moteur et donc leur posture. Ainsi, il est courant dans le sport de haut niveau de réadapter le physique aux exigences du sport et de la performance mais de travailler aussi les aspects mentaux d'une blessure avec des outils de préparation mentale, de visualisation (du bon geste), de gestion du stress. Nos émotions jouent ainsi un rôle dans la genèse de la blessure car il est parfois plus commode de se blesser ou d'être blessé afin de légitimer un échec sportif. Ceci peut aisément se retrouver dans la vie de chacun ; on peut ne pas gagner ou réussir simplement parce que l'on croit que ce n'est pas fait pour nous. Cela renvoie à une structure de personnalité dans laquelle la victoire et la réussite s'associent à tellement de comportements sociaux que beaucoup de personnes préfèrent ne pas les affronter. La blessure ou la douleur offrent dans ces conditions une excuse comportementale tacitement acceptée en société.

Ce que j'ai accompli au niveau sportif et ce que je fais professionnellement aujourd'hui m'amène à côtoyer, ou entraîner, de nombreux sportifs. Beaucoup considèrent leur corps comme « une machine » (c'est même devenu une expression courante) qui exécute les ordres, qu'on « dompte » afin d'essayer de produire l'extraordinaire et sortir de l'ordinaire. En résumé, beaucoup de sportifs utilisent le sport comme un traitement de leurs douleurs émotionnelles ayant le sentiment que ce corps qui « nous appartient » obéira à notre volonté contrairement à beaucoup de situations de vie que l'on ne maîtrise pas. Tous cherchent à valoriser leur image à travers le sport. Pratiquer une activité physique avec excès est un moyen pour un sportif d'augmenter son estime de soi, de combler des vides affectifs et/ou de modifier son apparence corporelle car son image ne lui convient pas. Ces carences et blessures affectives trouvent naissance dans l'enfance ou l'adolescence à un moment où l'on se cherche.

L'addiction sportive (comme les autres formes d'addiction) est ainsi le produit d'une composante sociale très forte. Une réponse, souvent, à la culture de la performance, aux sollicitations compétitives ou aux insatisfactions récurrentes de la vie sociale.

L'athlète recherche sans cesse un idéal de perfection et d'harmonie dans l'espoir d'en tirer une reconnaissance individuelle et sociale. Le sport apparaît dès lors comme une réponse aux différentes anxiétés rencontrées.

Les troubles de l'image jouent un rôle essentiel dans le développement de cette addiction, dans une société où le poids de l'esthétique est grandissant. Ces troubles conduisent le ou la sportive à éprouver le plus souvent un fort besoin à prendre toujours plus de masse corporelle ou à rechercher une minceur ou une apparence hors norme afin de se façonner une silhouette parfaite même si cette quête provoque des douleurs ou des blessures. C'est ce que l'on nomme la bigorexie (par opposition à l'anorexie), qui n'est qu'une facette de l'addiction.

Si les troubles liés à la bigorexie peuvent conduire aux blessures sportives, je considère le sport ou la pratique sportive comme une forme de thérapie corporelle aussi valable qu'une thérapie « émotionnelle », à condition que le sportif accepte de se poser des questions, de regarder en face ce que la pratique sportive le fait fuir. Dans ces conditions le sportif garde un contrôle de sa pratique, son corps devient un partenaire « thérapeute » que l'on respecte, que l'on écoute.

Je pense également que dans une société où la perte de valeurs, de repères et d'objectifs de vie se généralise, une pratique sportive bien conduite peut aider un individu à trouver sa place, à se fixer des objectifs, à se structurer. Rappelons-nous également que le corps est fait pour bouger, qu'il est conçu pour le mouvement. Une pratique sportive, une éducation corporelle bien conduite sont donc à mes yeux aussi importantes que n'importe quelle culture ou éducation. Mais ça c'est un autre débat.

Nos émotions jouent également un rôle dans l'évacuation, « la digestion » du traumatisme ou du stress. En effet, qu'il soit physique ou psychologique, un traumatisme influence notre posture. Dans les traumatismes psychologiques graves, il est courant d'observer un repli sur soi, souvent dans une position fœtale rassurante, protectrice. Au quotidien, lorsqu'on a peur ou qu'on est énervé, on rentre la tête dans les épaules, on se crispe. Et plus ce type de réaction se répète, plus cela influence négativement notre posture.

CE QU'IL FAUT RETENIR

Une des caractéristiques des sentiments humains qui sont étroitement liés aux émotions, c'est qu'ils sont associés au langage corporel (posture, expression du visage) mais également au langage parlé. Le langage exprime nos sentiments mais conditionne également nos émotions. Il est en effet fréquent d'écouter des discours, des messages de colère, d'anxiété pour en ressentir émotionnellement les effets sur nous, nous en avons tous déjà fait l'expérience en regardant la télé ou en tentant de réconforter une personne en pleine détresse. Il est donc important de rester vigilant à la fois sur les messages que l'on écoute et également sur ceux que l'on exprime !

Des expressions comme : « j'en ai plein le dos », « cette situation est trop lourde pour moi », « avec tout ce poids sur mes épaules », « j'ai la tête sous l'eau », « ça me tue », « ça me brise le cœur », « j'en ai marre », « c'est trop pour moi », « je n'en peux plus » ne sont pas que des mots mais l'expression, la vôtre, d'un certain mal-être qui a des répercussions sur le corps, ses tensions et sa posture. L'objectif n'est pas de refréner le langage mais bien de reconnaître qu'il exprime un message conscient de ce qui se passe intérieurement.

L'action par le corps, le mouvement, que vous trouverez dans la partie pratique du livre sera d'un grand secours dans ce genre de situation d'une part pour calmer le corps, le détendre mais également parce que l'action corporelle consciente permet de focaliser son attention sur autre chose que ses problèmes, et ainsi de les relativiser.

La gestion du stress avec des outils tels que la programmation neurolinguistique, les thérapies cognitives et comportementales ou encore le travail psychologique est intéressante mais dépasse la thématique de ce livre. En revanche, il existe des techniques simples de gestion du stress qui peuvent être appliquées plusieurs fois par jour afin de réduire la tension physique et les modifications de la posture qui en découlent. Nous nous situons ici dans une logique globale de la santé car un corps sans douleur et avec une belle posture n'a pas beaucoup de valeur si la physiologie interne est malmenée par les maladies liées au stress.

CONSEILS POUR UNE MEILLEURE GESTION DU STRESS ET DONC UNE MEILLEURE POSTURE

• Respirez. Nous ne respirons pas bien et cela a des conséquences sur notre posture et notre santé (en élevant notre tonus musculaire par exemple). Plusieurs fois par jour, pensez à respirer profondément. Inspirez par le nez en gonflant votre ventre puis votre poitrine. Retenez quelques secondes votre inspiration afin de favoriser les échanges gazeux. Puis expirez toujours par le nez complètement. Faites une deuxième inspiration mais cette fois-ci sans bloquer votre inspiration puis expirez. Répétez les deux cycles respiratoires plusieurs fois.

• Focalisez-vous sur votre cœur pendant vos pauses respiratoires. Essayez de sentir ou « entendre » ses battements. Associez votre respiration, l'écoute de votre cœur à une pensée positive qui peut se matérialiser dans un lieu ou un moment agréable qui vous a marqué positivement.

• Effectué plusieurs fois par jour, ce petit rituel permet de se détendre n'importe où (assis, debout, au travail, en réunion, en voiture, etc.). J'appelle cette pause de quelques minutes « prendre des vacances ici et maintenant ». Automatisée et utilisée plusieurs fois par jour, cette pause permet de relâcher le corps, de récupérer de l'énergie et de favoriser l'utilisation de la partie corticale de notre cerveau qui est le lieu de nos intelligences et de la créativité. Cela nous rend plus efficace, plus réactif et inventif, plus en éveil. Notez aussi que de nombreuses études popularisées par le best-seller *Guérir* du Dr David Servan-Schreiber montrent que ce type de pause influence positivement les taux de DHEA dans l'organisme. Cette hormone possède des effets « anti-âge » reconnus. D'importants effets positifs sont aussi notés au niveau immunitaire.

La technique respiratoire antistress la plus simple est la cohérence cardique. Et le livre le plus clair sur le sujet est *Cohérence cardiaque 365* du Dr David O'Hare (Éditions Thierry Souccar, 2012).

CE QU'IL FAUT RETENIR

Corps et esprit ne font qu'un. Ils forment une unité dont les interactions positives ou négatives influencent l'ensemble du corps :

- ***Corriger sa posture c'est agir sur son esprit, ses émotions, sa personnalité.***
- ***Soigner ses émotions, entretenir sa conscience, gérer son stress c'est agir positivement sur sa posture.***

Voici les postures de référence.

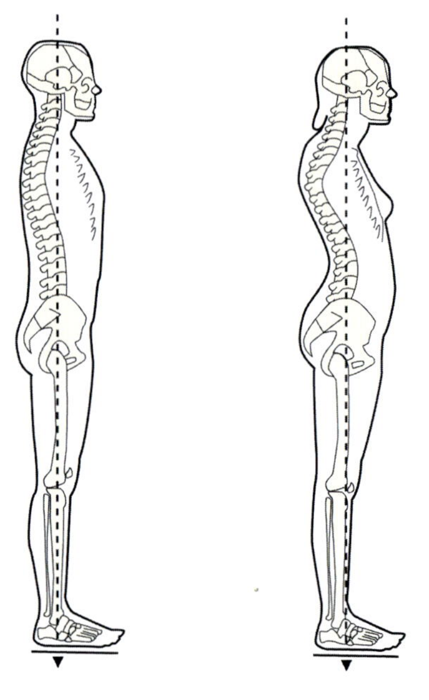

Posture parfaite *Posture altérée*

Sur la posture du schéma de droite, on voit très clairement l'altération de la ligne parfaite décrite précédemment. La ligne part ici devant la malléole, se prolonge le long du fémur, passe à l'arrière du sommet de l'os iliaque qui a basculé vers l'avant, se prolonge devant l'épaule, pour finir derrière l'oreille. Ce type postural est très courant et nous allons le détailler.

LES SCHÉMAS POSTURAUX ERRONÉS LES PLUS COURANTS

Voyons les types de posture les plus couramment rencontrés. Chacune de ces postures est associée à des déséquilibres musculaires qui ont ou auront des conséquences prédictives sur certaines douleurs ou blessures. Toutes ces postures peuvent se retrouver chez une personne sédentaire aussi bien que chez un très grand sportif. En effet, il est courant de penser que le sport « redresse » et permet de se tenir droit. Mais c'est oublier que le fait de se tenir droit n'est pas forcément synonyme d'équilibre pour le corps.

Posture n°1

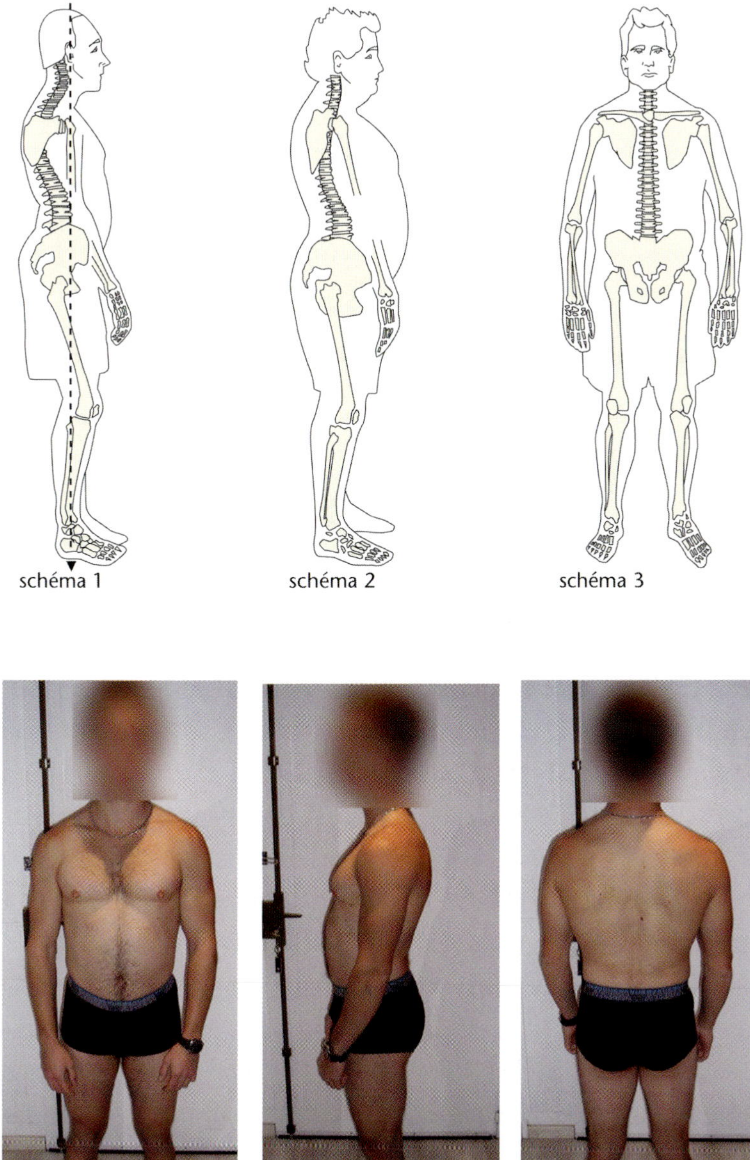

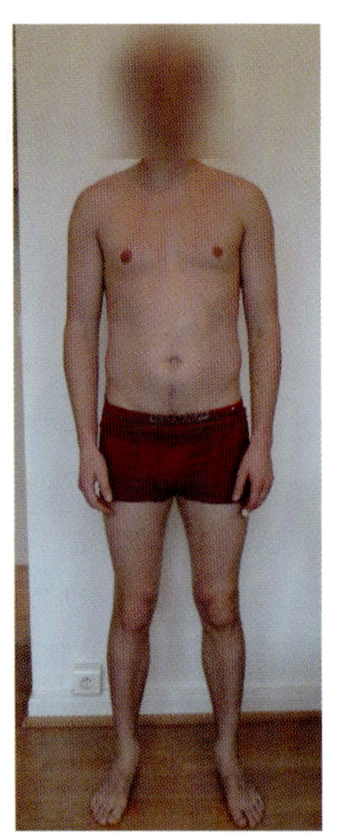 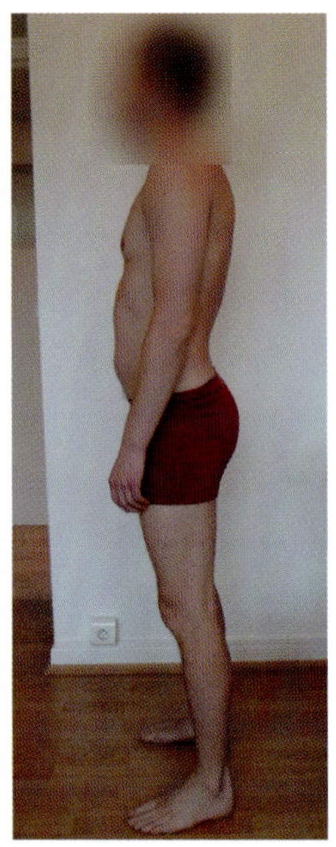 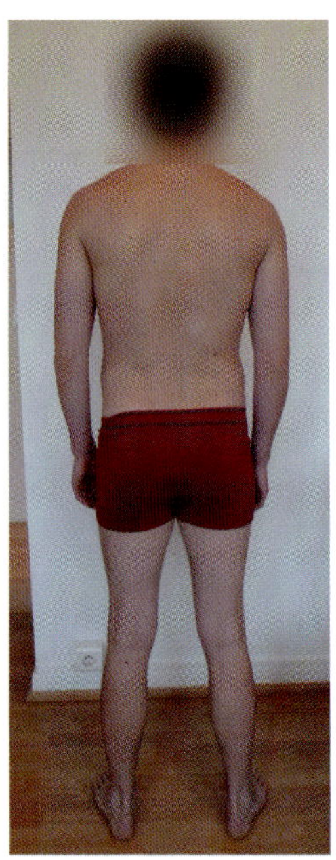

C'est le professeur Janda, un médecin spécialisé dans la réadaptation fonctionnelle à Prague dans les années 1950, qui a le mieux décrit et analysé cette posture pour laquelle j'utilise le terme de « zigzag » (schéma 1). C'est une des postures les plus fréquentes, notamment chez les enfants et les adolescents. C'est donc dès cet âge-là que l'on devrait proposer des exercices correctifs. Le principal déséquilibre provient du bassin. Comme le sommet de l'os iliaque bascule vers l'avant (bascule antérieure), la région thoracique de la colonne part vers l'arrière. Enfin, les épaules et la tête doivent revenir vers l'avant afin de recentrer le corps au-dessus des pieds.

Au niveau musculaire, cette posture résulte d'une faiblesse ou d'une amnésie des muscles fessiers et de l'ensemble des muscles formant la ceinture abdominale. À l'opposé, les muscles antagonistes, les fléchisseurs de la hanche, sont raides, trop courts et hypertoniques. Même chose pour les muscles érecteurs de la colonne. L'ensemble des déséquilibres musculaires superficiels crée une inhibition de la musculature profonde autour de la colonne vertébrale et du bassin.

Entre les omoplates, les muscles superficiels sont faibles et trop longs. Leurs antagonistes (pectoraux et biceps) sont trop courts et hypertoniques. Les muscles se situant devant le cou deviennent trop courts et leurs antagonistes, à l'arrière, sont trop longs et faibles.

On peut classer dans ce type postural, des personnes dont la majorité des déséquilibres se situent au niveau du bassin (schémas 2 et 3) avec une position des pieds en canard indiquant que les muscles responsables de la rotation externe du fémur sont trop raides et hypertoniques. La raideur des rotateurs externes de la hanche s'accompagne d'une faiblesse des antagonistes qui font la rotation interne de la hanche. En haut, au niveau des épaules, on retrouve les mêmes déséquilibres musculaires, mais moins accentués.

Les personnes qui ont ce type de posture ont très souvent des problèmes de dégénérescence, au niveau des vertèbres et de la colonne, qui apparaissent à la trentaine et se poursuivent plus tard. Elles peuvent ainsi souffrir du haut du dos jusqu'à la base de la colonne au niveau du sacrum. Ces personnes peuvent également avoir des troubles au niveau du genou car les muscles fessiers en charge de contrôler certains mouvements du genou ne remplissent plus correctement leur fonction. Enfin, le dernier problème induit par cette posture vient du manque de souplesse au niveau de la hanche et de la région thoracique. Cela provoque une surutilisation des sections lombaire et cervicale de la colonne, notamment dans le mouvement de flexion et de rotation du corps. D'où une hypermobilité de ces zones qui devraient, paradoxalement, peu bouger. Résultat : les articulations concernées s'usent plus vite.

Posture n°2

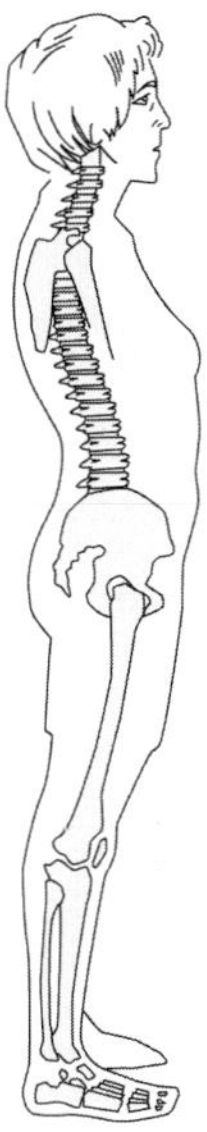

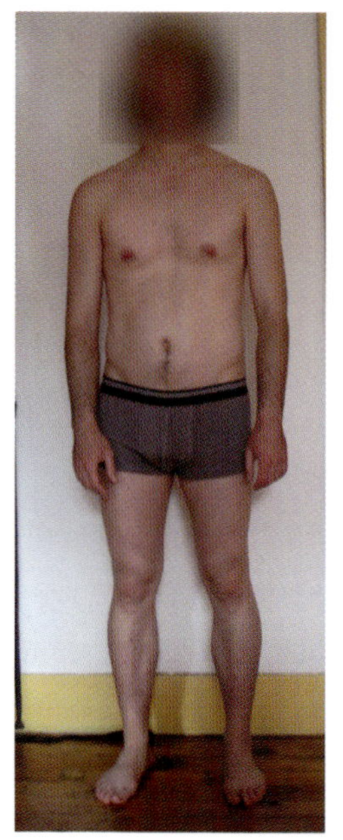
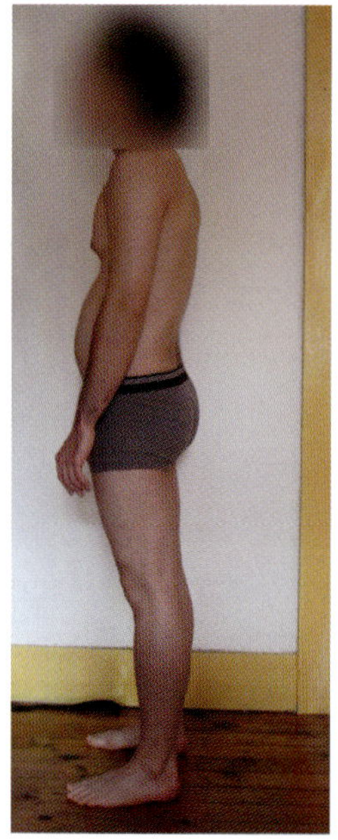
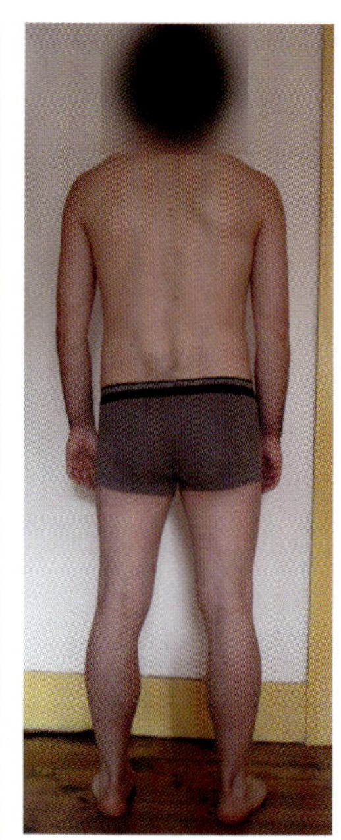
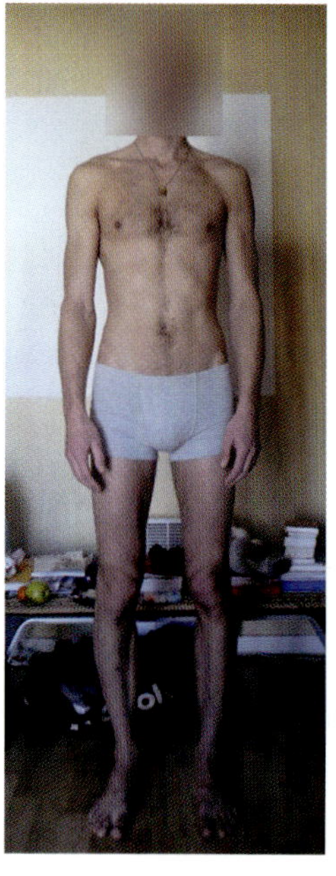
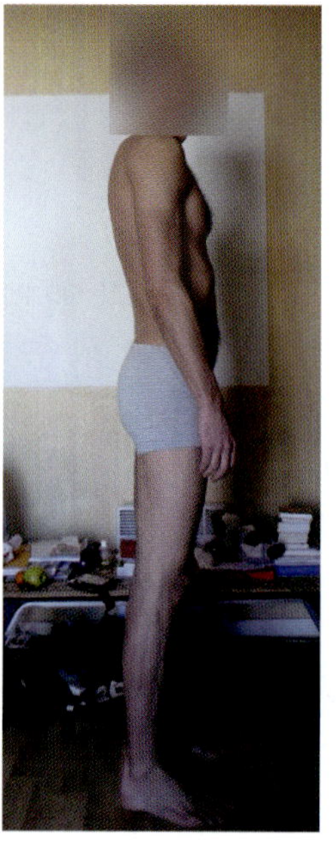
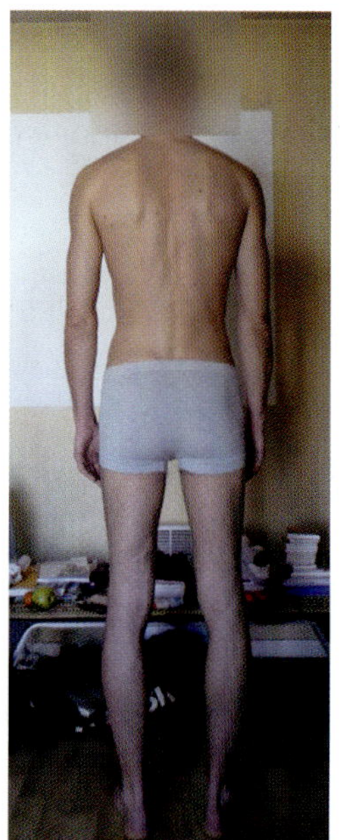

Là aussi l'identification de ce type de posture se fait idéalement de profil. Sur le schéma on voit clairement le déplacement des hanches vers l'avant. En réponse, le haut du torse va vers l'arrière. Afin de contrebalancer le poids du torse, la tête se déplace vers l'avant.

La position des hanches vers l'avant est très souvent accompagnée d'une hyperextension des genoux (genoux vers l'arrière). Comme la première, cette posture illustre la nécessité d'équilibrer son centre de gravité au-dessus des pieds, même si cette notion d'équilibre n'est pas forcément associée à une posture parfaite. Les personnes ayant ou adoptant cette posture sont simplement en appui sur les ligaments en avant des hanches. Elles n'utilisent que très peu de force, de tonus et donc d'énergie pour maintenir cet alignement. Cependant, ce scénario est loin d'être idéal. En effet, le stress que cette posture provoque sur certaines structures telles que les ligaments et les tendons est très important. De plus il aboutit au déclenchement du cycle des blessures de surcharge que nous avons vu dans les chapitres précédents.

Au niveau musculaire on retrouve une faiblesse voire un développement limité des muscles fessiers. Une amnésie du muscle psoas est souvent présente (les personnes ne peuvent pas ou peu monter le genou au-delà de 90°). Plus généralement, cette posture est associée à une faiblesse de l'ensemble de la musculature profonde au niveau du bassin et de la colonne. Les muscles arrière des cuisses sont très raides. Au-dessus, les muscles de la poitrine et ceux du devant des épaules sont raides et hypertoniques ainsi que ceux du devant et du côté du cou. À l'opposé, les muscles du haut du dos, entre les omoplates et derrière les épaules sont trop longs et trop faibles.

La posture du bassin vers l'avant ne doit pas faire penser qu'il en va de même en position assise. Bien au contraire. Le manque de tonus des muscles profonds de l'abdomen force les personnes avec ce type de posture à s'asseoir sur la portion haute des fesses, en arrondissant le dos tout entier. Cela provoque un affaissement des épaules et de la tête vers l'avant qui accentue les déséquilibres musculaires décrits plus haut.

Les personnes ayant ce type de posture et travaillant en position assise à un bureau ont de fortes probabilités d'avoir des problèmes d'épaule ou des tendinites aux avant-bras à cause de la position mécaniquement défavorable à l'épaule et du manque de contrôle des muscles profonds de l'abdomen qui sont chargés de stabiliser la colonne vertébrale lors de tous nos mouvements. Ce problème de stabilité de la colonne et du bassin peut également provoquer des entorses des chevilles ou des genoux ou bien encore des problèmes de tendinites aux genoux.

Posture n°3

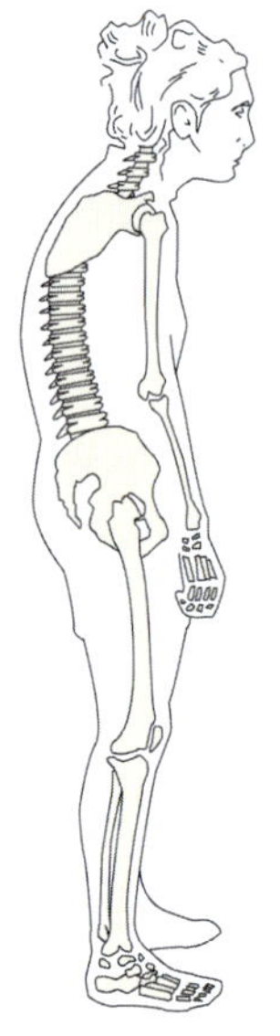

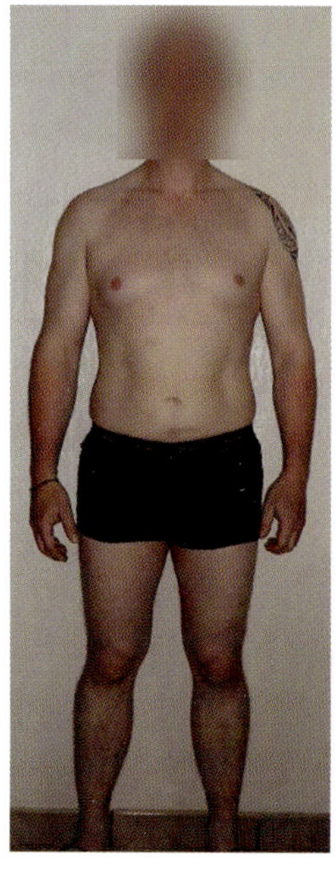

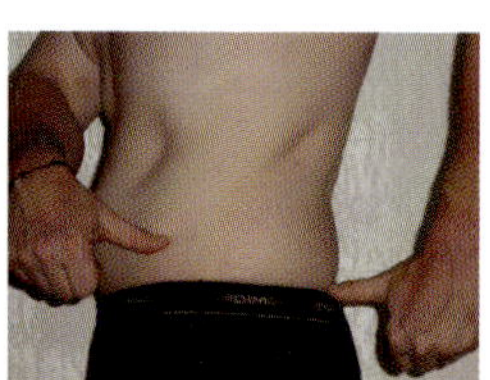

Les pouces, positionnés sur la crête de l'os iliaque, montrent un basculement du bassin vers l'arrière.

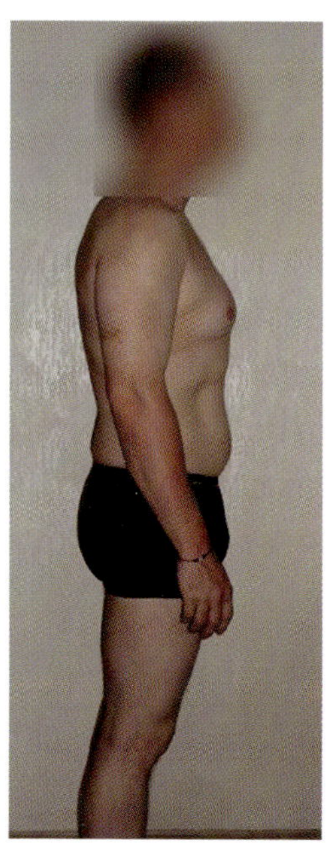

Ce type de posture est souvent associé à des pieds plats, à une rotation interne ainsi qu'à une légère flexion des genoux et, surtout, à un déplacement vers l'arrière du haut du bassin (bassin en rétroversion). La forme de la colonne est caractérisée par la lettre C. On ne distingue plus de cambrure lombaire, le haut du dos est arrondi et la tête et les épaules partent vers l'avant. On peut aussi observer un enfoncement de la poitrine vers l'intérieur. En position assise, la forme en C de la colonne est encore plus accentuée.

Au niveau musculaire cette posture correspond au déséquilibre suivant : les muscles qui font pivoter le bassin vers l'arrière en rétroversion sont raides ou trop forts. Les muscles fléchisseurs de la hanche, ceux qui font pivoter le bassin vers l'avant (antéversion), sont eux trop longs et/ou trop faibles. Les muscles des adducteurs sont souvent trop courts et extrêmement hypertoniques ce qui provoque la rotation des fémurs (les os de la cuisse) amenant les genoux vers l'intérieur. Les antagonistes comme les muscles profonds du bassin sont trop faibles et longs ainsi que les muscles moyens fessiers. On retrouve aussi couramment les muscles jumeaux (mollets), soléaires et péroniers, trop courts et leurs antagonistes, comme le jambier postérieur, trop faibles et longs ce qui accentue encore plus les pieds plats. Les muscles du haut du dos ainsi que ceux qui maintiennent les omoplates sont eux aussi trop faibles et longs à cause de la posture constante qu'ils maintiennent tout au long de la journée. Les omoplates ont ainsi une tendance à s'écarter vers l'extérieur à 45° en formant un triangle. À l'opposé, les antagonistes, muscles de la poitrine, du cou et de l'avant des épaules, sont une fois de plus trop raides et trop forts.

Les personnes qui ont ce type de posture souffrent souvent de sciatique, de lumbago ou au niveau de l'articulation sacro-iliaque. Elles ont également souvent mal aux pieds ou à la voûte plantaire. Bien entendu, l'aspect en C de la colonne provoque souvent des douleurs au niveau du haut du dos ou de la nuque et de fréquents maux de tête consécutifs à l'activation de *trigger points* qui tractent en permanence certains os du crâne. Ces personnes peuvent aussi souffrir au niveau des bras, des avant-bras ou encore des poignets sous la forme de tendinites ou de syndrome du canal carpien par exemple.

Posture n°4

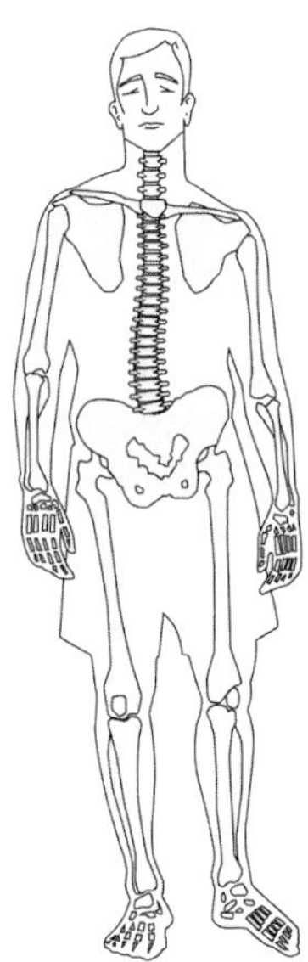

La posture de type 4 est une posture secondaire qui s'ajoute à un profil postural de type 1, 2 ou 3. Les personnes en photos qui illustrent les postures 1 et 2 présentent aussi cette posture secondaire (voir pages 92 et 94).

C'est de face que ce type postural est le plus facile à identifier. Cette posture caractérise les gens qui ont une scoliose ou les personnes qui ont subi un traumatisme du dos avec un gros spasme musculaire protecteur. Le problème c'est que ce type de posture relié à un traumatisme n'est visible qu'après plusieurs semaines ou mois, le temps que le corps crée des compensations et des déséquilibres musculaires importants.

Les personnes avec ce type de posture ont un pied ouvert (ou plus ouvert que l'autre) vers l'extérieur. Le genou et la hanche situés au-dessus de ce pied sont parfois ouverts eux aussi vers l'extérieur. De même, le bassin sera plus haut du côté du pied ouvert que de l'autre côté. Une façon de voir ce déséquilibre au niveau du bassin est, en position debout, de placer vos pouces sur le haut des os de votre bassin. Vous devriez avoir alors un pouce plus haut que l'autre. Du côté où le bassin est trop haut, l'épaule est descendue ce qui permet de voir que l'autre épaule est plus haute. Lorsque vous fixez un miroir avec attention, ce déséquilibre est flagrant. Dans cette posture, la tête se trouve naturellement plus proche de l'épaule haute afin de maintenir le regard à l'horizontale. Les personnes avec ce type de posture sont compressées du côté de la hanche haute et de l'épaule basse. Cette situation est due à une tension permanente, à un spasme de toute une chaîne musculaire et à l'activation de *trigger points* afin de protéger cette zone de traumatismes plus importants.

Au niveau musculaire, on retrouve du côté compressé une contraction des muscles ainsi que des *trigger points*. Les muscles de l'épaule basse seront trop longs et faibles. D'autre part, les muscles du cou du côté où l'épaule est haute seront, eux, trop raides et hypertoniques. De façon générale les personnes avec cette posture souffriront du dos et plus particulièrement du côté opposé à la hanche haute. D'autres douleurs apparaîtront dans la nuque et dans l'épaule. La hanche haute développera de l'arthrose.

Posture n°5

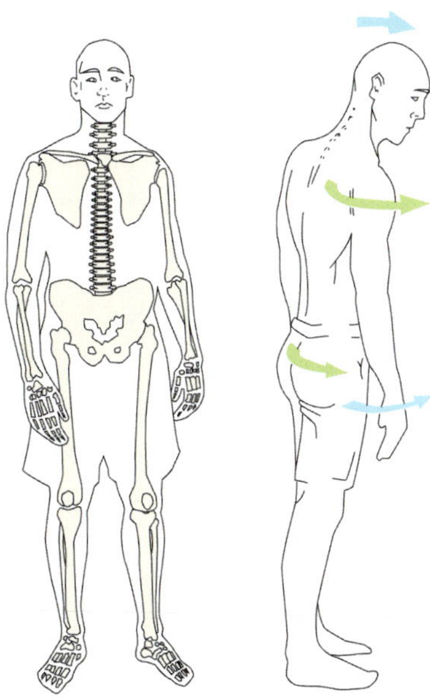

La posture de type 5 est toujours une posture secondaire. Elle s'ajoute à un profil postural de type 1, 2 ou 3. Elle est la plupart du temps associée à un profil postural 4. C'est la raison pour laquelle nous traiterons les postures 4 et 5 ensemble au sein d'un même programme correctif qui devra être exécuté après le programme correctif de base (correspondant à la posture 1 ou 2 ou 3).

Les déséquilibres liés à cette posture sont plus visibles du dessus. Le corps des personnes avec ce type de posture est littéralement en spirale ou en vrille. On peut ainsi observer une rotation qui part du pied et arrive à la tête en passant par le genou, le bassin, le tronc et les épaules. Le corps s'ouvre d'un côté et compense en pivotant de l'autre à mesure que l'on monte vers le haut. Comme dans la majorité des postures altérées que j'ai décrites, les zones les plus importantes à observer sont les hanches et le bassin, le tronc et les épaules et le pied.

Si vous êtes seul à vous évaluer face un miroir ou si vous avez une vue globale de vous-même, voici comment procéder. En tenue moulante, tenez-vous à environ 50 cm du miroir. Tenez-vous bien droit et de face. Fermez vos yeux et positionnez vos index sur les pointes de votre bassin (les pointes antérieures de l'iliaque). Restez ainsi, les yeux fermés, pendant 5 secondes puis ouvrez les yeux et abaissez immédiatement votre tête afin de regarder vos doigts. Si un des index est plus prêt du miroir que l'autre alors votre bassin est vrillé. Au niveau des épaules, même observation : est-ce qu'une épaule est plus proche du miroir que l'autre ? L'épaule la plus proche est celle de la rotation du bassin. Parfois l'observation est difficile car le bassin semble être en place et la rotation n'a lieu qu'au niveau d'une épaule.

Une autre zone que vous devez observer, de profil cette fois : vos genoux. Vous pourrez peut-être observer qu'un de vos genoux est légèrement fléchi par rapport à l'autre. Ce sera le genou du côté du bassin qui pivote vers l'avant. Ceci n'est qu'un élément supplémentaire car on ne retrouve pas toujours cette compensation.

Enfin, dernier point à observer, les pieds. Si votre pied gauche est légèrement vers l'avant il est très fréquent que le pied droit s'ouvre plus que lui.

La difficulté avec cette posture c'est que quelque part entre vos yeux et vos pieds le corps s'est vrillé dans un sens et a compensé en sens inverse afin de pouvoir maintenir votre regard de face. Rappelons que les yeux sont très importants pour renseigner le cerveau sur la position du corps et pour maintenir le centre de gravité au-dessus de nos pieds.

La posture 5 est celle qui provoque le plus de dégâts au niveau corporel lorsque nous faisons du sport car nous utilisons la chaîne musculaire en spirale et la chaîne fonctionnelle décrites au chapitre sur les chaînes du mouvement (page 31). Lors de chacun de nos pas, certains maillons de ces chaînes musculaires sont soumis à des tensions répétées et extrêmes à cause, d'une part, de la mauvaise posture et, d'autre part, du mouvement de contrebalance effectué naturellement lors de la marche pour rééquilibrer le corps.

Un individu sédentaire fait 1500 pas par jour alors qu'une personne qui court peut en effectuer jusqu'à 5000. En gros, courir avec cette posture revient à rouler avec une roue voilée : vous dépensez beaucoup plus d'énergie tout en courant le risque d'engendrer de gros problèmes articulaires sur chacune de vos articulations. Si l'on prend le cas d'une personne qui pratique le tennis ou le golf, les choses sont encore pires. En effet, dans le cas du swing, si la rotation du corps a lieu dans le sens du swing alors, à chaque fois que la personne armera son club en back swing (derrière l'épaule), elle sera limitée dans son geste et n'ira jamais au-delà d'une certaine vitesse de la tête du club. Cela limitera ses progrès et surtout créera de graves traumatismes au niveau de ses vertèbres.

Au niveau musculaire, cette posture résulte d'un déséquilibre de toute une chaîne de muscles entraînant les hanches et le torse ; il s'agit des obliques et des muscles érecteurs de la colonne du côté opposé.

Ce type de posture se retrouve souvent chez les personnes qui doivent pivoter dans un sens et maintenir cette posture longtemps. Je pense notamment aux dentistes, aux chirurgiens, aux personnes qui font du nettoyage professionnel, aux jardiniers ou encore aux caissiers des grandes surfaces...

Les sportifs sont quasiment tous de posture 5 en raison de la préférence motrice (droitier ou gaucher) qui s'opère en diagonale dans le corps, combinée à des sports qui sont souvent unilatéraux dans la gestuelle (le golf par exemple).

Les personnes avec ce type de posture souffriront toujours des hanches, du cou, du genou.

MIEUX COMPRENDRE LES POSTURES 4 ET 5 ET LEURS LIENS

Les postures 4 et 5 sont les conséquences d'une scoliose ou d'une rotation de la colonne vertébrale.

La scoliose peut être classifiée de plusieurs façons : selon sa réversibilité, sa gravité, son type et son emplacement. Une des premières considérations pour vous ou votre médecin/kiné/ostéopathe est de définir le type de scoliose... Est-elle « structurale » ou « fonctionnelle » ? Les courbes de la colonne vertébrale qui s'améliorent lorsqu'on se penche en avant ou sur le côté ou que l'on pivote de manière spécifique, sont généralement considérées comme des courbes scoliotiques « fonctionnelles » ou « secondaires ». Si la courbe ne se redresse pas pendant l'un de ces mouvements, il s'agit d'une scoliose « structurale » ou « primaire ». Une courbe vertébrale anormale peut se produire sur plusieurs plans. Des noms comme hypercyphose et hyperlordose décrivent une courbure excessive sur le plan sagittal (de face), tandis que les compensations horizontales (plan transverse) sont généralement appelées rotations ou torsions. Beaucoup de courbes fonctionnelles deviennent « structurales » lorsqu'elles sont restées trop longtemps sans être traitées car le cerveau tente courageusement de compenser l'asymétrie en modifiant l'équilibre longueur-tension dans les muscles et fascias associés, en guise de protection musculaire. Les compensations posturales prolongées finissent par décompenser (se répercuter) dans les structures adjacentes. La personne commence alors à ressentir une aggravation des symptômes.

Zoom sur la scoliose structurale

La scoliose structurale est une difformité physique qui s'accompagne souvent de changements fonctionnels au niveau des organes thoraciques et abdominaux ainsi que des perturbations psychologiques et émotionnelles. L'ampleur du changement fonctionnel au niveau du cœur, des poumons, et autres viscères est proportionnelle au degré de la difformité physique. De la puberté jusqu'à un âge avancé, les symptômes scoliotiques tels que les douleurs lombaires, les maux de tête et de cou, les symptômes arthritiques, les douleurs dans la poitrine et les dysfonctions des organes poussent de nombreuses personnes à demander de l'aide. Si les programmes du livre pourront améliorer les problématiques des scolioses structurales, il est important qu'une personne diagnostiquée avec une vraie scoliose structurale soit prise en charge par un traitement spécifique de kinésithérapie et d'ostéopathie souvent long et lourd mais fondamental pour la santé et le bien-être de la personne à long terme.

La scoliose fonctionnelle

L'expression « scoliose fonctionnelle » fait référence à une colonne vertébrale structurellement normale qui présente une courbe. Cette condition peut constituer une anomalie temporaire, causée par diverses conditions telles qu'une différence de longueur de jambe, des muscles spasmés ou des conditions inflammatoires comme l'appendicite. Bien que la scoliose soit ici considérée comme temporaire, de bonnes approches biomécaniques musculaires et vertébrales sont souvent nécessaires dans le traitement d'un schéma de déséquilibre sous-jacent.

La scoliose fonctionnelle est caractérisée par une position asymétrique du tronc et du dos qui s'atténue lorsque l'on se penche en avant ou sur le côté, que l'on pivote ou lors de manœuvre de traction. Les cas de scolioses fonctionnelles s'accompagnent souvent d'autres signes de posture défectueuse et détendue, tels que les épaules arrondies, un abdomen protubérant, et les pieds plats. Les cas fonctionnels s'observent autant chez les filles que chez les garçons et semblent toucher un grand nombre d'enfants aussi bien que d'adultes. Les individus qui présentent une colonne vertébrale difforme souffrent souvent d'une condition que l'on appelle rotoscoliose, où la base de la colonne se vrille en tire-bouchon de façon régressive tandis que le rachis tourne sur son axe (posture de type 5). Ces déviations sont souvent à l'origine d'une différence de longueur de jambe et de déséquilibres pelviens (posture de type 4). C'est la raison pour laquelle, contrairement à la première édition de ce livre, je ne fais plus de différence entre posture 4 et 5 et je propose systématiquement des exercices correctifs agissant sur les deux types posturaux en complément des programmes pour les types posturaux principaux (postures 1, 2 ou 3).

LE SYNDROME DE LA JAMBE COURTE

Le syndrome de la jambe courte est l'asymétrie posturale la plus courante (une jambe est plus courte que l'autre). Si la différence de longueur de jambe est très importante, la posture et la démarche peuvent en être affectées.

Cette différence peut être :

- structurelle : le squelette est vraiment plus court en raison de problèmes congénitaux, traumatiques ou à la suite d'une maladie ;
- fonctionnelle : développement anormal de la partie inférieure du corps en raison d'une mécanique corporelle altérée : pied en supination ou hyperpronation, déséquilibre unilatéral du bassin, déséquilibres musculaires ou articulaires, mauvaise stabilisation du tronc.

Une structure défectueuse de la cheville et du pied affecte considérablement la longueur de la jambe et le positionnement du bassin. La position asymétrique du pied la plus commune est le pied en pronation. Des récepteurs sensoriels implantés dans le pied alertent le cerveau du moindre transfert de poids. Le cerveau étant constamment en train d'essayer de conserver l'équilibre du bassin, lorsqu'il a affaire à une jambe gauche plus longue que la droite, il va tenter de s'adapter au déplacement du poids en affaissant la voûte médiale gauche (raccourcissant ainsi la jambe plus longue) et en mettant la voûte droite en supination afin d'allonger la jambe courte. Si on n'en prend pas soin, un pied en pronation sur une longue durée va finir par faire pivoter l'extrémité inférieure gauche vers l'intérieur, générant une tension excessive sur le ménisque latéral et les ligaments collatéraux médiaux du genou (beaucoup de coureurs comprendront ainsi mieux leur problème de genou récurent).

Il est généralement assez facile de détecter une différence de longueur de jambes chez une personne qui marche en observant les éléments suivants :

- une épaule plus haute d'un côté que de l'autre
- un balancement inégal du bras
- un côté du bassin surélevé
- le pied en supination sur le côté court et en pronation sur le côté long
- flexion plantaire de la cheville sur le côté court et/ou
- flexion du genou sur le côté long

Remarque : certains auteurs suggèrent que lors de la course, la différence de longueur de jambes ne change pas grand-chose car les deux pieds ne touchent jamais le sol en même temps. Cependant, les recherches approfondies de Blustein et D'Amico ont démontré que la différence de longueur de jambes est la troisième cause de blessures chez les coureurs.

Syndrome de la jambe courte : comment identifier sa posture

- La jambe droite est le plus souvent (dans 70 % des cas) plus courte que la jambe gauche (posture 4).

• Une convexité lombaire s'observe sur le côté de la jambe courte c'est-à-dire que le corps est plus cambré et vrillé de ce côté-là, ce qui génère des compensations en rotation jusqu'à la base du crâne (posture 5).
• Il y a souvent une adaptation/compensation pelvienne controlatérale, c'est-à-dire qu'il y a une diminution de la cambrure du côté de la jambe la plus courte (postures 4 et 5).

Explications neurologiques de la jambe courte

Lorsqu'une personne présentant une jambe droite plus courte se tient debout, un déplacement conséquent du poids vers le côté opposé peut généralement s'observer. Plusieurs chercheurs, notamment Kappler, Previc et Pope, pensent que certaines personnes résistent inconsciemment à cette force gravitationnelle en déplaçant le poids de leur corps sur le côté gauche grâce à un système organisationnel prénatal appelé latéralisation cérébrale dont nous avons déjà parlé dans les premiers chapitres. Leur théorie est que chez ces individus, la dominance motrice surpasse les facteurs anatomiques et gravitationnels. Kappler, Previc et Pope ainsi que les chercheurs à leur suite estiment que les racines de cette dominance motrice droite remontent au positionnement du fœtus pendant le troisième trimestre de la grossesse qui entraîne le processus de latéralisation du cerveau.

Dans le cerveau, la dominance motrice traverse généralement le cerveau de la gauche vers la droite (le cerveau gauche contrôle le côté droit du corps). La dominance vestibulaire gauche, nécessaire au maintien de l'équilibre, à la coordination et à l'orientation, traverse le corps de façon ipsilatérale jusqu'à la jambe droite pour permettre au côté gauche de supporter le poids du corps lors d'activités à dominance motrice droite. Par exemple, une personne à dominance motrice droite s'équilibre généralement sur sa jambe gauche pour effectuer une tâche aussi simple que tirer dans un ballon. Combiner en position debout la dominance motrice droite à la dominance vestibulaire gauche entraîne souvent un déplacement du bassin vers la gauche sur la jambe gauche plus longue. Ce changement postural neurologique permet d'expliquer de nombreuses problématiques douloureuses, en particulier chez les sportifs.

DES TYPES POSTURAUX À COMBINAISONS MULTIPLES

Comme nous l'avons vu dans le chapitre sur les schémas moteurs, le corps présente une incroyable capacité à créer des compensations, des adaptations en cas de problèmes. Comme nous venons de le voir il est très fréquent de combiner plusieurs types posturaux, la combinaison la plus fréquente étant celle d'une posture dominante (1, 2 ou 3) avec les postures secondaires 4 et 5. Les types posturaux 4 et 5 étant souvent liés, nous les traiterons ensemble dans un même programme correctif qui devra être exécuté après le programme correctif de base (correspondant à la posture 1, 2 ou 3).

UNE APPROCHE MÉDICALE TROP SEGMENTAIRE

Au fil des descriptions vous aurez certainement constaté que la façon dont nous nous tenons est rarement une posture considérée comme normale ou parfaite selon les traumatologues, les ergothérapeutes, les kinésithérapeutes ou les ostéopathes. Moi-même, bien qu'auteur de ce livre, je travaille au rééquilibrage de ma propre posture (de type 1 à la base et 4 et 5 à cause d'une dominance vestibulaire gauche et d'une pratique sportive intense depuis le plus jeune âge). Des années de sport ainsi qu'« un héritage postural paternel » font que j'effectue chaque jour une série d'exercices correctifs tels que ceux détaillés dans la partie pratique de ce livre. « Mais », pouvez-vous m'objecter, « si le corps médical est au courant des effets de nos mauvaises postures, pourquoi n'en informe-t-on pas plus le grand public ? » Plusieurs raisons expliquent cela.

Premièrement, le corps médical en parle mais souvent personne ne porte attention au message. En effet, il demande à la fois de se remettre en question et de l'énergie ; cet effort si important nous paraît insurmontable. Changer demande en effet une telle révision de la façon dont on vit, dont on bouge, dont on pratique un sport que l'on attend souvent de ne plus avoir le choix avant de mettre en place des stratégies positives de changement et d'évolution.

Deuxièmement, l'analyse que nous avons faite des problèmes posturaux et des douleurs qui leur sont associées est complexe et globale si bien qu'il apparaît plus facile de seulement soulager la région douloureuse. « Finalement la douleur n'est-elle pas le principal motif de consultation ? » peuvent se dire les médecins qui savent (ou pas) que le travail de fond nécessaire sera si important que peu de patients iront jusqu'au bout de la démarche.

Enfin, dans la mesure où les professions médicales, paramédicales et pharmaceutiques dépendent de l'état de santé de leurs patients pour vivre, on peut se poser la question de leur intérêt à chercher l'origine d'une douleur afin de la traiter mais surtout d'éviter qu'elle ne revienne. J'ose espérer qu'il reste encore beaucoup de professionnels de santé qui ne se contentent pas uniquement de soigner le mal mais qui souhaitent avant tout à le guérir, ce qui passe par une analyse globale et une ouverture d'esprit.

LES APPROCHES GLOBALES LES PLUS COURANTES

Parmi les techniques ou méthodes qui traitent le corps en globalité, on retrouve : l'acupuncture, le shiatsu, la médecine indienne (ayurvédique), l'ostéopathie, l'étiopathie, la chiropraxie, la fasciathérapie, le Rolfing (du nom de la physiothérapeute qui l'a inventé, Ida Rolf), la méthode Feldenkrais (du nom de son inventeur). On pourrait en citer encore bien d'autres.

Toutes ces techniques sont souvent critiquées par la médecine conventionnelle en raison du manque de recherches ou de références scientifiques. Pour autant, les résultats qu'on obtient avec ce genre de thérapies sont parfois spectaculaires par rapport à ceux de la médecine conventionnelle. Pas de magie derrière tout cela, simplement une vision moins segmentaire du corps et la volonté de traiter la cause des douleurs et non pas uniquement ses manifestations.

Cependant, même si toutes les techniques thérapeutiques dites alternatives sont très efficaces, elles ne peuvent rien face au « travail de fond » que nous effectuons chaque jour sur notre corps. La première prise en charge devrait venir de nous-mêmes. Ménager et entretenir notre corps devrait être une préoccupation quotidienne. C'est à ce prix seulement qu'il nous transportera dans les meilleures conditions tout au long du chemin de l'existence. Oui, mais que faire au quotidien ? C'est ce que nous allons aborder dans la deuxième partie de ce livre.

Si, dans ces conditions, vous faites des exercices qui maintiennent une forte pression sur les muscles ou les chaînes musculaires concernés, alors les tensions lâchent (je reviendrai plus en détail sur ce point). En gros, grâce aux automassages, c'est comme si vous faisiez une remise à zéro des tensions de votre organisme. Vous pourrez ainsi plus facilement rétablir un équilibre de longueur-tension entre les différents couples musculaires agonistes-antagonistes grâce, notamment, aux techniques d'étirement ainsi qu'aux méthodes de gainage que nous expliquerons plus loin (lire page 127).

Nous avons vu que les déséquilibres musculaires étaient aussi la conséquence d'une modification des fascias, ces enveloppes qui forment une toile d'araignée à laquelle sont accrochés muscles, tendons, ligament et os. Les fascias peuvent ainsi s'épaissir, formant des nœuds, des adhérences. Autre facteur, les *trigger points*, ces points disjoncteurs qui sont présents dans chacun de nos muscles et qui peuvent eux aussi former des nœuds. Or, lorsqu'on a des tensions, il est classiquement recommandé d'utiliser des postures d'étirements. Généralement, ces postures soulagent, mais de façon ponctuelle. En effet, que se passe-t-il lorsque l'on tire sur un nœud ? Il se referme et il devient de plus en plus difficile de le défaire. C'est un peu ce qui se passe dans le corps lorsqu'on étire un muscle ou une chaîne musculaire sans avoir au préalable dénoué les nœuds.

Voilà pourquoi les techniques d'automassage et d'inhibition musculaire sont si importantes et si efficaces. En améliorant la qualité de nos tissus musculaires et fascias, ces techniques permettent d'obtenir un système musculaire qui semble être passé au fer à repasser. Les muscles et les fascias sont lissés et prêts à être pliés (en l'occurrence étirés).

LA SCIENCE DERRIÈRE LES AUTOMASSAGES

Même si fondamentalement ces techniques s'inspirent de certaines méthodes de pressions et de massages localisés, il me semble important d'en expliquer les principes et actions au niveau des tissus et des *trigger points* car ce type de technique est encore peu connu en Europe (lire encadré).

DIFFÉRENTS AUTOMASSAGES POUR DIFFÉRENTS MÉCANORÉCEPTEURS

Nous avons vu que des capteurs mécaniques et des récepteurs à la douleur sont localisés au sein des fascias, des muscles et des tendons dans tout le système du mouvement.

- **Les organes tendineux de Golgi se situent dans les capsules articulaires, les ligaments et les jonctions myotendineuses, et sont organisés par série avec les fibres fasciales. Ils réagissent aux étirements, bien qu'un étirement passif ne semble pas les inhiber, car ils sont stimulés dans les situations d'activité musculaire. La stimulation (massage en profondeur) des récepteurs de Golgi génère une baisse du tonus musculaire. D'autres récepteurs de Golgi qui ont été moins étudiés peuvent être stimulés par un étirement plus intense du tissu, comme dans les techniques de massage profond et lent. Le rouleau et la balle de tennis seront les plus adaptés.**
- **Les corpuscules de Pacini et paciniformes répondent surtout aux changements de pression, aux techniques à haute vitesse et aux vibrations, et constituent une source de feed-back pour les mouvements. Des automassages rapides et doux agiront sur eux. Le bâton de massage sera l'outil idéal.**
- **Les corpuscules de Ruffini réagissent surtout à une pression continue et aux étirements latéraux (le massage latéral étire les fibres), et peuvent inhiber l'activité du système sympathique lorsqu'ils sont stimulés. C'est peut-être la raison pour laquelle un massage lent des tissus profonds peut avoir un effet relaxant sur le tissu local et sur le corps entier, forçant l'individu à entrer dans un état plus parasympathique (détente). Le mieux pour eux ce sont les automassages latéraux tractés c'est-à-dire perpendiculaires au sens des fibres musculaires et en tirant lentement la peau et les fascias. Le rouleau à relief sera le plus adapté.**
- **Les récepteurs interstitiels répondent à des changements de pression rapides et soutenus et aide la vasodilatation lorsqu'ils sont stimulés. Certains récepteurs interstitiels ont une fonction mécanoréceptive, tandis que d'autres ont une fonction nociceptive et servent de récepteurs de la douleur. L'activation des récepteurs interstitiels, à travers le système nerveux autonome, génère un changement de pression dans les artérioles et les capillaires fasciales. Automassage rapide et léger avec le bâton de massage.**

Les techniques d'inhibition musculaire et d'automassage provoquent une inhibition des capteurs musculaires et diminuent le tonus musculaire ainsi que les spasmes engendrés par les *trigger points*. Plus simplement, cela signifie qu'appliquer une pression significative sur une zone de tissus douloureux et/ou tendus pendant un certain laps de temps permet de diminuer l'activité des *trigger points* et l'excès de tension musculaire locale. Cela permet donc d'utiliser à bon escient des techniques d'étirement afin d'augmenter la longueur des muscles trop raides et courts, favorisant ainsi un équilibre de tension/ longueur au sein du muscle et avec son antagoniste.

L'INFLUENCE DU SYSTÈME NERVEUX AUTONOME

Le corps, nous l'avons vu, fonctionne comme une entité. Il est donc important de comprendre qu'en agissant sur un des systèmes du mouvement (système nerveux, système myofascial, système articulaire), nous obtenons aussi des effets sur d'autres systèmes et fonctions de l'organisme. Ainsi, les pressions et automassages exercés sur le système myofascial (muscles et fascias) ont des effets sur tous les autres systèmes de l'organisme.

Nous avons également vu la manière dont la pression agissait sur les récepteurs et les capteurs mécaniques. Ces capteurs ne représentent pourtant que 20 % des capteurs proprioceptifs. Les 80 % restants sont des capteurs interstitiels très sensibles à la douleur localisés notamment dans les fascias.

Ces capteurs interstitiels ont des fonctions autonomes qui influencent le rythme cardiaque, la pression artérielle, la respiration et le système nerveux sympathique en réduisant le tonus musculaire général.

Ainsi, d'un point de vue général, les pressions et automassages sur les muscles et les fascias aident à diminuer les effets globaux du stress (tant émotionnel que physique) sur l'ensemble du système du mouvement grâce :

- à l'augmentation de la vasodilatation des vaisseaux sanguins qui permet aux tissus de recevoir des apports en oxygène et en nutriments adéquats tout en favorisant l'évacuation des déchets. Une meilleure vasodilatation facilite ainsi globalement la réparation et la récupération des tissus. Des tissus sains seront moins disposés à altérer les schémas de recrutement musculaire ce qui causerait des blessures.
- au changement de viscosité des tissus qui favorise une meilleure contraction musculaire et une plus grande amplitude articulaire.

• à l'amélioration importante des capacités de régénération de tout le système du mouvement via une meilleure respiration. Ainsi, augmenter le taux d'oxygène dans le sang diminue les sentiments de fatigue et d'anxiété.
• à la diminution du tonus du système sympathique ce qui réduit les spasmes musculaires et donc les risques de blessure.

LES CONTRE-INDICATIONS DES AUTOMASSAGES

Malgré tous les effets positifs qui viennent d'être détaillés, les automassages, revêtent certaines contre-indications :

• ostéoporose importante et/ou avancée
• ostéomyélite (infection des tissus osseux)
• phlébite (caillot veineux)
• cellulite douloureuse
• arthrite rhumatoïde
• eczéma et autres lésions de la peau
• fractures en cours de réparation
• hématome douloureux
• diabète avancé
• cancers traités par radiothérapies ou chimiothérapies (demander l'autorisation à l'équipe soignante)

LES AUTOMASSAGES, COMMENT ÇA MARCHE ?

Les automassages permettent de se masser tous les jours avec, pour conséquence, une libération du corps et des douleurs. Associés à des postures d'étirement que nous aborderons dans le chapitre suivant, ils représentent une stratégie anti-blessure, antidouleur et d'optimisation de la posture à la portée de tous et pour un coût annuel ne dépassant pas 120 euros.

Certes, ce type de massage n'est pas relaxant puisque vous êtes actif. Il peut aussi être douloureux dans les premières semaines puisqu'on travaille sur des spasmes musculaires ou des *trigger points*. C'est la raison pour laquelle j'ai introduit le **bâton de massage** dans cette nouvelle édition, car il permet de mieux contrôler la pression exercée et par conséquent est plus tolérable pour commencer. Pratique, il peut également être utilisé régulièrement dans la journée pour agir sur les tensions qui se forment notamment en position assise.

Après quelques semaines ou dès le début sur certaines zones charnues (fesses, dos) vous pourrez utiliser le **rouleau de massage**. Là aussi dans la mesure où le massage est encore plus profond vous ressentirez un certain inconfort lié à la pression sur les tissus. Le rouleau avec relief est également le seul objet en son genre qui permette « d'accrocher les fascias » puis de glisser sur la peau (attention si vous êtes poilu !) dans plusieurs plans et donc d'agir sur les fascias et leurs mécanorécepteurs presque comme le ferait un masseur professionnel. C'est une technique que j'utilise au minimum une fois par semaine.

Enfin la **balle de tennis** permettra d'aller encore plus loin dans les tissus ou de travailler sur des zones très spécifiques et des *trigger points* sans faire mal aux articulations des doigts !

Ces 3 objets forment une boîte à outils de massage légère et facilement transportable. Ils ont chacun leur utilité en fonction des automassages que vous ressentez comme les plus bénéfiques pour une zone donnée.

En revanche, utilisés régulièrement (jusqu'à plusieurs fois par jour dans les cas de zones douloureuses présentes depuis longtemps), ces outils permettent de redécouvrir ce qu'est un corps sans douleur. Ces automassages deviendront vite un véritable baromètre de la qualité de vos tissus musculaires et fascias.

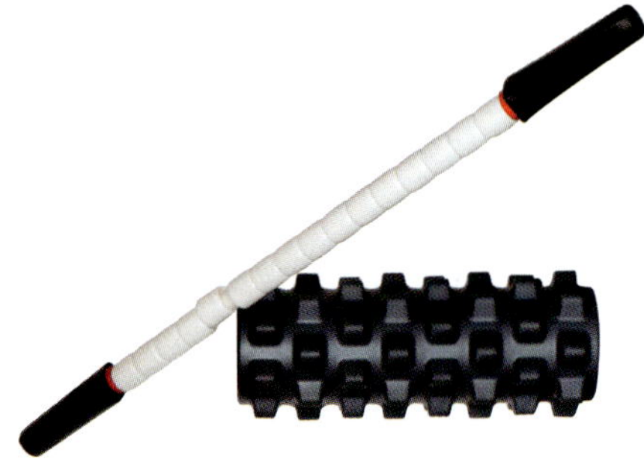

LES AUTOMASSAGES EN PRATIQUE

Toutes les techniques et méthodes présentées ci-après sont intéressantes et je vous recommande de toutes les pratiquer. Vous découvrirez avec un peu de pratique que votre corps réagira différemment en fonction des techniques et serez donc plus à même avec quelques semaines d'expérience d'utiliser la technique qui convient le mieux à une zone donnée. Attention simplement de ne pas choisir uniquement la technique qui est la plus agréable ! Rappelons que le rôle des automassages est de lever des tensions musculaires et des spasmes, ce qui n'est jamais totalement « agréable ».

Le bâton de massage (idéal pour débuter)

• **Massage profond** (en journée ou avant une séance de correction posturale ou après une séance de sport) :

- Massez chaque zone du corps lentement pendant 1 min en faisant des aller-retours (environ 6).
- Si une zone douloureuse se fait sentir, restez sur la zone sans bouger pendant environ 20 à 30 secondes. La douleur doit diminuer. Si elle augmente c'est que la pression exercée est trop forte. Dans ce cas, diminuez-la.

• **Massage rapide et superficiel** (en journée ou avant une séance de sport) :

- Massez en roulant sur les zones tendues ou qui vont travailler, pendant 30 secondes environ.
- Pression légère mais rythme dynamique.

Le rouleau de massage

• **Massage profond** (en journée ou avant une séance de correction posturale, ou après une séance de sport) :

- Massez chaque zone du corps lentement pendant 1 à 2 min en faisant des allers-retours (environ 6).
- Si une zone douloureuse se fait sentir, restez sur la zone sans bouger pendant environ 20 à 30 secondes. La douleur doit diminuer. Si elle augmente c'est que la pression est trop forte. Dans ce cas, diminuez-la.

• **Massages glissés-tractés** (en journée ou avant une séance de correction posturale, ou après une séance de sport) :

- Posez le rouleau sur la zone à travailler avec une certaine pression. Utilisez les reliefs du rouleau pour « accrocher » la peau et les fascias, puis faites glisser lentement. Faites 3 ou 4 passages de glissés-tractés.

Travaillez dans le sens des fibres musculaires mais également de manière transversale. Par exemple faites 2 glissés-tractés pour les quadriceps, du genou vers la hanche, puis 2 glissés-tractés de l'extérieur des cuisses vers l'intérieur.

Ce type de massage s'effectue à même la peau ou sur un tissu glissant. Pour les hommes je conseille de réduire la longueur des poils avec une tondeuse pour une raison évidente...

La balle de tennis ou la main

- **Massage profond** (en journée ou avant une séance de correction posturale, ou après une séance de sport) :
  - Massez en roulant sur une zone précise du corps lentement pendant 1 à 2 min en faisant des aller-retours (environ 6).
  - Si une zone douloureuse se fait sentir ou que vous découvrez un *trigger point*, appliquez les protocoles CTS 1 et 2 de traitement des *trigger points*.
  - Protocole CTS 1 : effectuez un maintien statique de 5 secondes, puis relâchez de 50 % votre pression pendant 5 secondes, puis recommencez ainsi 6 fois.
  - Protocole CTS 2 : effectuez un maintien statique de 5 secondes, puis relâchez de 50 % votre pression, puis faites un automassage très lent de la zone en passant 4 à 8 fois doucement sur le *trigger point*.
- **Massages glissés-tractés** (en journée ou avant une séance de correction posturale, ou après une séance de sport) :
  - Posez la balle sur la zone à travailler avec une certaine pression. « Accrochez » la peau et les fascias, puis glissez lentement. Faire 3 ou 4 passages de glissés-tractés.
  - Travaillez dans le sens des fibres musculaires mais également de manière transversale.

Quelques règles à retenir

Effectuez quotidiennement des automassages, surtout les premières semaines. Vous pouvez les pratiquer plusieurs fois par jour en cas de douleurs ou de tensions importantes. **L'important est la fréquence plus que l'intensité du massage**.

Les premières fois, des courbatures peuvent apparaître. Ce phénomène est normal pendant environ 10 jours (selon la fréquence des massages).

Au fur et à mesure, vos tissus retrouveront une liberté de mouvement. Cela vous permettra d'espacer vos automassages si vous le désirez et d'adopter un rythme de quelques séances par semaine. Selon votre type postural, certaines zones peuvent néanmoins nécessiter une attention plus importante.

Pour retrouver les automassages en images, rendez-vous page 158.

CHAPITRE 2

MOBILISER ET DÉCOMPRESSER SES ARTICULATIONS

Les techniques de mobilisation et décompression articulaires que vous trouverez dans ce chapitre sont presque magiques pour ceux qui les expérimentent pour la première fois. Pourtant elles n'ont rien avoir avec des rituels vaudous ou des techniques utilisées par Merlin l'Enchanteur. Elles viennent tout simplement d'un physiothérapeute de Nouvelle-Zélande, Brian Mulligan.

Mulligan s'est passionné pour les thérapies manuelles dès le début des années 1960. La méthode Mulligan comprend des techniques thérapeutiques manuelles pour la colonne vertébrale et les articulations des extrémités. Mulligan a découvert sa méthode par hasard au début des années 1980 en traitant un patient qui s'était blessé un doigt en jouant au basket-ball. Son articulation inter phalangienne était gonflée et manquait de mobilité. Selon Mulligan, « le résultat obtenu par mes techniques était étonnant : pendant que le patient mobilisait activement son doigt, je maintenais une translation latérale de l'articulation et le patient a pu immédiatement bouger son doigt sans douleur. Les traitements antérieurs, par traction et mobilisation, n'avaient pas eu d'effets, de même que les ultrasons ou la glace. Je n'ai pu m'expliquer cette efficacité qu'en envisageant qu'il devait y avoir un petit défaut de positionnement au sein de l'articulation. Et comme il a été corrigé, l'articulation a pu fonctionner à nouveau normalement. J'ai utilisé cette hypothèse de départ pour développer des routines d'examen et de traitement pour tout le système musculo-squelettique ».

Aujourd'hui de nombreuses études confirment l'utilité et surtout l'efficacité empirique de la méthode Mulligan.

Les principales indications des techniques Mulligan sont les mouvements limités par la douleur et les restrictions de mouvement principalement au niveau articulaire. L'objectif thérapeutique consiste à augmenter l'amplitude articulaire et réduire la douleur. Bien que la plupart du temps la bonne exécution d'une technique dépende de l'expérience du thérapeute et de la fréquence à laquelle elle est appliquée afin d'obtenir une amélioration sensible, le principe thérapeutique est simple et peut s'appliquer à presque chaque articulation.

LES MOBILISATIONS TRACTÉES, COMMENT ÇA MARCHE ?

Elles permettent de soulager les articulations et de favoriser leur meilleur fonctionnement. Nous avons vu dans les premiers chapitres comment les déséquilibres et les tensions musculaires aboutissent à la mise en place de compensations (inhibition réciproque, dominance des muscles synergistes) puis à un mauvais fonctionnement articulaire (inhibition articulaire). Très souvent, du fait des mauvaises postures que nous adoptons quotidiennement, de spasmes ou d'une hypertonicité musculaire, une articulation peut se retrouver en **conflit articulaire** avec une autre. C'est souvent le cas de l'épaule, des hanches, des chevilles, et de manière plus large de toutes les articulations. En étant plus tractées dans certaines directions et enfoncées qu'à la normale lors de mouvement certaines zones de l'articulation butent, touchent, frottent l'articulation, et bien souvent les tendons ou ligaments adjacents. Cette contrainte (stress) sur l'articulation stimule les capteurs proprioceptifs articulaires, renforce les spasmes ou au contraire l'inhibition de certains muscles. Les exercices ont pour objectif de décompresser l'articulation. Ils « calment » l'activité des capteurs articulaires proprioceptifs et favorisent la levée des spasmes protecteurs. Ils favorisent également une meilleure irrigation sanguine de l'articulation et par conséquent améliorent l'apport en nutriments et en oxygène.

J'ai eu la chance de me former aux techniques Mulligan lors de mes séjours aux États-Unis. L'intérêt majeur de ces techniques est que l'on peut les appliquer soi-même et qu'elles ne nécessitent qu'une bande élastique possédant une tension suffisamment importante.

La technique que nous utiliserons dans ce livre est simple. Elle s'appliquera à une articulation douloureuse ou dont les mouvement sont limités. L'objectif sera de mobiliser l'articulation alors que celle-ci est tractée par une bande élastique. Vous trouverez des bandes élastiques de différentes tensions sur Internet, notamment sur la boutique de mon site www.christophe-carrio.com.

La direction dans laquelle on mobilise l'articulation doit satisfaire à 3 règles :

- La règle de la **non-douleur**. Toute mobilisation tractée devra être effectuée sans que celle-ci ne déclenche de douleur dans l'articulation ou autour. Si c'est le cas, essayez de diminuer l'amplitude de la mobilisation. Si la douleur ne diminue pas, essayez une autre direction de traction.
- La règle de l'**amélioration immédiate** : toute mobilisation tractée devra provoquer une amélioration notable et immédiate de l'amplitude du mouvement sans que celui-ci ne soit douloureux.
- La règle de la **progressivité** : le travail de mobilisation se fera de manière toujours progressive en commençant par une amplitude faible (même si vous êtes capable de plus) et en augmentant progressivement.

Vous retrouverez les mobilisations tractées dans la partie pratique du livre, page 190.

CHAPITRE 3

REPROGRAMMER SA POSTURE

S'étirer est un acte extrêmement naturel et accompli par la majorité des animaux et, bien sûr, par l'homme. Cependant, l'être humain a une fâcheuse tendance à oublier ce qui est fondamentalement bon pour lui ; les étirements ne font pas exception à la règle.

Si on observe un enfant, il est fascinant de constater qu'il s'étire régulièrement dans la journée, un peu comme le font les chats ou les chiens. Spontanément, nous faisons de même, surtout après avoir dormi ou être resté longtemps assis. Cependant, ces quelques postures spontanées que l'on prend n'ont que très peu d'effets sur la perte progressive de souplesse liée à notre mode de vie, à nos mauvaises postures, au temps qui passe, à la position assise, à nos traumatismes tant physiques qu'émotionnels. Bref, nos tissus se rétractent progressivement, limitant de ce fait nos mouvements, accentuant nos mauvaises postures et les douleurs qui s'y associent.

Certaines techniques très anciennes comme les yogas issus de diverses civilisations (Inde, Égypte, Népal, Tibet...) ou d'autres plus récentes comme le Feldenkrais, le stretching, le Rolfing ou la gymnastique Pilates ont organisé la résistance contre la rétraction du corps.

Plus le corps conserve un état de tension équilibrée entre ses chaînes agonistes et antagonistes et plus ses articulations fonctionnent de façon optimale. D'autre part, l'équilibre tension/longueur entre les différentes chaînes permet une dépense d'énergie moins importante pour chacun de nos mouvements. Ceci a en retour un effet global positif sur notre niveau d'énergie quotidien et, de façon plus large, sur les processus de vieillissement. En effet, moins d'énergie produite, signifie moins de radicaux libres, moins d'oxydation de l'organisme donc un vieillissement ralenti. Enfin, dans la mesure où le corps récupère à la fois de l'énergie et une liberté de mouvement, on est plus enclin à bouger et donc à maintenir l'ensemble de notre corps en bon état de marche : un cercle vertueux se met en place.

L'INFLUENCE DU VIEILLISSEMENT

La majorité des changements physiques qui s'opèrent dans le corps et qui affectent notre souplesse sont liés à l'atrophie musculaire. L'atrophie correspond à une perte de fibres musculaires à la fois quantitative et qualitative. Les fibres et les cellules nerveuses sont aussi la cible du processus du vieillissement. Ainsi, la diminution des cellules nerveuses est impliquée dans le déclin des habilités physiques chez l'adulte. Au fur et à mesure que notre niveau d'activité décline, l'atrophie myofasciale et nerveuse augmente. La réduction du nombre de cellules musculaires et nerveuses aboutit à une diminution de l'efficacité neuromusculaire ce qui débouche progressivement sur une souplesse fonctionnelle de plus en plus limitée.

En cas d'immobilisation, comme c'est le cas lorsque nous sommes assis, malades ou blessés, le cartilage commence à dégénérer. En effet, le cartilage, comme tous les tissus du corps, a besoin d'un certain niveau de stress mécanique pour rester en bonne santé. Si certaines forces ne s'exercent pas de façon régulière et équilibrée sur toute la surface du cartilage, alors il s'affaiblit, s'atrophie et la partie du cartilage qui est surexposée se détériore prématurément.

Bouger et s'étirer permet donc non seulement d'entretenir la souplesse et la mobilité de l'ensemble du corps, mais aussi de maintenir nos articulations en bonne santé.

LES DIFFÉRENTES TECHNIQUES UTILISÉES

Il existe beaucoup de techniques d'étirement ou de stretching, chacune faisant appel à des propriétés physiologiques naturelles dont nous avons déjà parlé, que ce soit l'inhibition réciproque (la contraction d'un muscle agoniste entraîne le relâchement de son antagoniste), l'inhibition autogénique (réflexe myotatique inversé) ou encore le réflexe myotatique. Ce dernier réflexe rentre en action lorsque l'on tire trop violemment et rapidement sur un muscle. Les mécanorécepteurs contenus dans nos muscles ordonnent une contraction musculaire de manière à ce que les fibres musculaires étirées ne se déchirent pas.

Ma philosophie dans la pratique du sport de haut niveau a toujours été d'utiliser non pas une seule technique mais le meilleur de chaque approche visant à améliorer mes performances tant physiques que mentales, à l'exception du dopage. Je ne déroge pas à la règle en matière de correction posturale.

Les techniques que nous allons utiliser sont inspirées du yoga, du stretching statique (on prend une position que l'on maintient pendant un certain temps) et du stretching actif (on étire un muscle ou chaîne musculaire grâce à la contraction de son antagoniste). Cette deuxième forme d'étirement est très intéressante car elle permet de regagner une mobilité articulaire et une souplesse des tissus en utilisant le rapport entre agoniste et antagoniste. Cette technique induit donc aussi une reprogrammation au niveau du cerveau sur les capacités d'étirement musculaire et d'amplitude articulaire en rapport avec les capacités de contraction musculaire du muscle opposé. Nous utiliserons également les techniques de réaction neuromusculaire.

Les techniques de réaction neuromusculaire

Elles sont basées sur un principe simple, dit d'inhibition réciproque (lorsqu'un muscle se contracte, le muscle opposé se relâche), que nous allons transposer au mouvement grâce à l'utilisation de bandes élastiques de tension variable. Nous allons stimuler les capteurs proprioceptifs autour de certaines articulations afin que vous ressentiez mieux votre posture et par conséquent ses problématiques (par exemple excès de cambrure pour la posture 1, excès de rotation pour la posture 5, etc). En clair, grâce à l'élastique, nous allons exagérer vos déséquilibres posturaux afin de faire réagir votre corps dans le sens opposé.

Ces techniques provoquent une amélioration rapide en aidant le cerveau à utiliser ou reprogrammer un schéma moteur plus neutre pour votre corps et votre posture.

Les techniques de réaction neuromusculaire ne sont en aucun cas des exercices de musculation. Il n'est donc pas question de se dire « pour corriger ma posture plus rapidement je vais utiliser un élastique plus fort ou tirer plus fort sur l'élastique ». En agissant ainsi vous utilisez une stratégie musculaire globale en activant les gros muscles puissants, alors que le contrôle postural dépend d'abord et avant tout d'une activation plus fine, subtile et équilibrée de l'ensemble de la musculature... sinon nous tenir debout serait tout simplement un effort musculaire épuisant !

Les techniques de réaction neuromusculaire entraînent une adaptation immédiate au niveau postural après quelques répétitions des exercices.

Bien qu'absentes de la première édition d'*Un corps sans douleur*, je les plébiscite aujourd'hui pour plusieurs raisons :

- Elles sont rapides et faciles à appliquer quotidiennement voire pluriquotidiennement pour la majorité des individus.
- Effectuées debout, elles peuvent être pratiquées en journée presque n'importe où.
- Elles permettent une progression immédiate, source de motivation.
- Elles utilisent un référentiel postural spécifique à la bipédie et aux actions debout comme on les rencontre en sport.
- Elles peuvent facilement précéder l'échauffement d'une activité sportive ou s'intégrer après l'effort pour améliorer la posture.
- Elles sont parfaites lorsque le corps n'est pas en souffrance.

En revanche, en cas de douleur, il vaut mieux privilégier les exercices du programme correctif au sol car ces derniers sont beaucoup plus primitifs au niveau du référentiel postural. C'est en effet au sol que nous avons appris, bébé, à stabiliser nos articulations. Il est donc normal en cas de douleur chronique de revenir en arrière. Cette action aura plusieurs fonctions :

- Calmer l'activité des capteurs proprioceptifs et donc les spasmes musculaires.
- Diminuer les forces de compressions articulaires liées à la gravité qui peuvent, si une articulation est décentrée (elle ne fonctionne plus correctement en mouvement) à cause des déséquilibres musculaires, favoriser des réactions inflammatoires et œdémateuses au niveau des cartilages et des surfaces articulaires.

• Calmer les systèmes limbique et reptilien au niveau cérébral qui peuvent en cas de stress ou de douleur favoriser les tensions musculaires. En utilisant des exercices au sol de « bébé » on se remet dans une situation où nous avions tous beaucoup moins de soucis et de stress qu'aujourd'hui.

C'est la raison d'être des deux programmes de correction posturale de ce livre :

• **Un programme court et quotidien** lorsqu'on ne va « pas trop mal » ou que tout va bien ou encore lorsqu'on n'a pas trop le temps.

• **Un programme plus long pour les périodes de problème** corporel, douleur, blessures, etc. Ce deuxième programme pourra également être avantageusement utilisé lorsque tout va bien (ou « pas trop mal ») à raison d'une à deux fois par semaine pour agir sur la posture de façon différente.

Le matériel nécessaire sera composé d'un rouleau de massage, de balles de tennis, d'un kit de sangles élastiques de différentes tensions et longueur, d'un tapis de sol (pour être à l'aise).

Vous pourrez facilement vous procurer le matériel sur Internet, notamment sur la boutique de mon site www.christophe-carrio.com.

Je vous donnerai aussi des exercices plus faciles à exécuter sur votre lieu de travail (lire page 202). Rappelez-vous qu'en matière de posture, il vaut mieux faire peu mais très souvent que beaucoup en une seule fois.

Pour découvrir les programmes correctifs adaptés à chaque posture, en version longue et en version courte, rendez-vous dans la partie pratique, page 151.

Dans cette édition, je donne des programmes pour les postures 1, 2 et 3 plus un programme secondaire correspondant aux postures 4 et 5. Ce dernier programme concerne les cas suivants :

- épaule plus haute d'un côté,
- épaule plus avant que l'autre,
- debout, tendance à prendre appui sur une jambe ou une hanche,
- douleur de hanche ou de genou unilatérale (d'un seul côté),
- sensation ou image d'un bassin « vrillé » (plus avancé d'un côté que de l'autre),

• test assis de rotation positif : assis en tailleur ou au bord d'une chaise, placez vos mains respectivement sur l'épaule opposée (bras croisés). Pivotez les coudes et le torse d'un côté puis de l'autre. Si vous notez une sensation de restriction de mouvement entre la droite et la gauche, le test est positif. Le côté où le mouvement de rotation est réduit est celui à travailler en priorité selon le ratio suivant 3/1 : 3 fois plus de séries et de répétitions du côté limité que de l'autre.

CHAPITRE 4

RENFORCER LA BONNE POSTURE PAR LE GAINAGE

Reprogrammer son corps dans une position anatomique correcte afin de ne plus avoir de douleur, c'est le but de ce livre. Mais il nous faut aller encore plus loin et renforcer le corps dans cette position correcte ce qui, en retour, favorisera l'utilisation du bon schéma moteur lors de chacun de nos mouvements. C'est l'objectif du gainage.

Tout au long de ce livre j'ai essayé de vous sensibiliser au fait que le corps fonctionne comme une unité. En matière de mouvement, il utilise des chaînes myofasciales et articulaires. Nous avons vu que si un seul maillon de la chaîne ne fonctionnait pas de façon optimale, alors c'était l'ensemble de la chaîne qui dysfonctionnait, avec des répercussions sur tout le corps. Cependant j'essaie aussi dans ce livre d'aller plus loin que les approches conventionnelles qui abordent le travail du corps ou sa prise en charge en cas de traumatisme. En effet, on préconise classiquement un travail de correction à base d'étirements. Pourtant, nous avons vu que c'était loin d'être suffisant. Il faut ainsi s'adresser également au cerveau et agir sur les programmes moteurs qu'il utilise (souvent de façon erronée) afin de maintenir ou de faire bouger le corps. Les automassages favorisent un relâchement des tensions et une mise à « zéro » du système nerveux. Les exercices et postures présentés dans ce livre étirent, activent les muscles et chaînes musculaires et, de façon globale, aident à reprogrammer une posture anatomique plus correcte. Il nous faut aller encore plus loin et renforcer le corps dans cette position correcte ce qui, en retour, favorisera l'utilisation du bon schéma moteur lors de chacun de nos mouvements. C'est l'objectif du gainage.

À LA DÉCOUVERTE DU « CORE »

Les groupes musculaires sont reliés et organisés les uns avec les autres sous la forme de chaînes musculaires. Ces chaînes musculaires ont un point commun, le centre de notre corps, « the core », comme l'appellent les Anglo-Saxons. Ce centre représente un pilier grâce auquel les membres supérieurs et inférieurs peuvent communiquer via les chaînes musculaires. Plus ce pilier est stable et rigide et plus l'énergie produite par les bras et les jambes pourra se transmettre efficacement à l'ensemble du corps. Ainsi, on pourrait comparer notre corps à une roue de vélo : son centre serait représenté par l'axe central et les bras et les jambes par les rayons.

Il y a encore peu de temps, on imaginait la zone abdominale et le bassin comme le centre de notre corps. C'est cette raison que les médecins, les kinésithérapeutes et les entraîneurs sportifs faisaient faire des exercices de relevé de buste en vue de renforcer cette zone particulière.

Cependant, ce n'était qu'une vision partielle de la façon dont le corps fonctionne. Une meilleure connaissance de l'anatomie, notamment des chaînes musculaires, nous permet de savoir que le centre du corps (ou pilier de force) est représenté par le bassin, la colonne vertébrale et la ceinture scapulaire (le haut du torse où s'insèrent les bras).

Plus ce pilier est stable et puissant, plus les bras et les jambes pourront produire des mouvements efficaces, précis, rapides, puissants et surtout économiques. Malheureusement, notre mode de vie, la sédentarité, les douleurs, la peur de mal faire ou parfois le fait de pratiquer un sport mais dans de mauvaises postures déséquilibrent totalement notre pilier.

L'objectif de ce chapitre est donc de vous aider à reconstruire un pilier de force stable et le plus équilibré possible. Effectués après vos automassages et vos exercices correctifs, les exercices de gainage vous permettront de retrouver un corps tonique et surtout sans douleur.

RECONSTRUIRE SON PILIER DE FORCE

De façon générale, et particulièrement si vous appliquez le programme global de ce livre car vous souffrez physiquement, commencez uniquement par les automassages puis intégrez les exercices de correction posturale pendant au moins 15 jours avant d'inclure les exercices de gainage. C'est en effet le laps de temps minimal nécessaire pour ressentir les bienfaits des automassages et du programme correctif.

L'objectif est de vous faire travailler le plus d'éléments possibles dans le laps de temps le plus court possible. En revanche, ne soyez pas étonné si vous ne sentez pas un muscle en particulier travailler. Les exercices de gainage s'adressent à une chaîne et, par conséquent, la contraction musculaire engendrée pour maintenir la position se diffuse tout le long de cette chaîne. Inutile donc de rechercher la fameuse brûlure que l'on ressent lorsqu'on fait travailler la sangle abdominale. Concentrez-vous surtout sur la bonne position.

CE QU'IL FAUT RETENIR

Voici les 7 commandements du gainage :

1• *Le corps aligné tu maintiendras : tête, colonne, bassin et jambes alignés*

2• *Les 3 courbures de ta colonne tu respecteras.*

3• *Le torse sorti tu garderas.*

4• *Toujours penser à « t'autograndir » tu essaieras ce qui garantira que le corps est bien aligné et engagera certains muscles profonds comme le transverse qui est une gaine naturelle du corps.*

5• *En circuit tu travailleras, en enchaînant les exercices sans temps de repos.*

6• *L'équilibre des chaînes musculaires tu respecteras. Il sera important que le temps de travail de face soit le même que celui de dos afin qu'une chaîne musculaire ne devienne pas plus forte que l'autre. Idem pour les exercices de profil.*

7• *Respirer tu n'oublieras pas.*

Vous trouverez les exercices de gainage dans la partie pratique, page 274.

CHAPITRE 5

VOTRE PROGRAMME POUR UN CORPS SANS DOULEUR EN RÉSUMÉ

Chaque chapitre de ce livre traitant d'un sujet souvent vaste et parfois compliqué, il me semblait nécessaire de les résumer. Voici donc les points clés de votre progamme pour un corps sans douleur.

1• Nos mauvaises postures adoptées des années durant ou les traumatismes rencontrés sur notre chemin font le lit de nos problèmes futurs, qu'ils soient musculaires ou articulaires.

2• Pour retrouver ou pour vivre avec un corps sans douleur, il convient d'en prendre soin comme on peut le faire avec une maison, une voiture ou les autres choses auxquelles on tient.

3• Prendre soin de son corps est une action globale et quotidienne, pas de week-end ou de vacances (sauf en cas de maladie ou de blessure grave). Après tout on se brosse les dents tous les jours, on se lave tous les jours. C'est la même chose avec vos tissus, si on ne les masse pas, si on ne les mobilisent pas, des adhérences se créent. Les exercices et méthodes présentés dans ce livre ne sont en aucun cas des « obligations » mais bien des gestes hygiéniques qui devraient être exécutés de façon naturelle par toute la famille.

4• Commencez par les automassages puis effectuez votre programme correctif en fonction de votre posture. Idéalement utilisez une fois par jour le programme court et le programme long. Le programme court le matin ou dans la journée, le programme long le soir avant d'aller au lit devant la télé par exemple. Essayez de vous astreindre à ce programme de façon quotidienne pendant 15 jours consécutifs.

5• Les exercices du programme correctif doivent être exécutés selon l'ordre indiqué pour chaque posture. Ils ne doivent pas être douloureux. Ils peuvent, surtout au début, « réveiller » certains muscles et provoquer des courbatures. Lorsque vous avez du temps vous pouvez doubler le nombre de répétitions et/ou de séries de chaque exercice.

6• Après 15 jours d'automassages et d'exercices correctifs, vous devez intégrer les exercices de gainage. On ne les pratique pas au début pour se focaliser sur la correction posturale et la reprogrammation des schémas moteurs.

7• Pour les automassages, référez-vous à vos sensations. Plus une zone est douloureuse ou remplie de nœuds (*trigger points*, adhérences) et plus vous devez lui consacrer de temps. Je vous conseille de vous masser souvent dans la journée (emportez votre bâton de massage et une balle de tennis au travail). L'expérience montre que la fréquence est plus importante que la durée des automassages. Dans les premiers jours ou les premières semaines essayez de vous masser au minimum 3 fois par jour en privilégiant les zones à problèmes (celles qui sont douloureuses lors de vos premières séances).

8• Dans la journée, pratiquez un des circuits de mobilisations articulaires que vous découvrirez à la page 202, au minimum 3 fois par jour. Chaque circuit prend moins de 5 min.

9• Si vous restez très longtemps assis, exécutez également les circuits de mobilisations articulaires 3 et 4.

10• Les exercices de gainage sont complémentaires des exercices correctifs. S'ils demandent de l'énergie au début, ils permettront après quelques semaines de pratique d'être plus tonique, d'avoir plus d'énergie.

QUAND ON TRAVAILLE ASSIS

Nous avons déjà évoqué que la position assise est loin d'être idéale pour la colonne et le corps en général. Comme c'est la position que l'on adopte le plus souvent, il est important d'effectuer dans la journée des mouvements permettant de contrecarrer ses effets néfastes. Gardez en tête qu'il n'y a pas de position assise mieux qu'une autre. Changez de position assise fréquemment, cela aidera à redistribuer le stress mécanique emmagasiné par certains tissus (muscles, fascias, cartilages) autour et le long de la colonne vertébrale. Vous trouverez dans la partie pratique des circuits de **mobilisations articulaires** à effectuer dans la journée, dès que vous y pensez. Idéalement, il faudrait en effectuer un toutes les 45 minutes. Vous pouvez grouper plusieurs circuits ou les utiliser de façon indépendante tout au long de la journée. L'important est de tous les utiliser !

Une excuse ou une vérité souvent énoncée pour évoquer le fait qu'on ne fait pas ses exercices, particulièrement au bureau, c'est que l'on n'y pense pas. La généralisation des ordinateurs et des agendas électroniques permet pourtant de programmer une alarme (un bip ou un mail) toutes les 45 minutes ou toutes les heures. Vous n'avez donc plus d'excuse pour ne pas faire régulièrement ces petits exercices qui prennent tout au plus entre 30 secondes et 1 minute. Ils vous permettront non seulement d'avoir moins de douleurs dans le dos mais aussi de renforcer votre programme de correction posturale quotidien. Le fait de bouger facilite le relâchement des tensions qui consomment beaucoup d'énergie. Ces petits exercices favorisent aussi une respiration plus complète et plus ample ce qui induit une meilleure oxygénation du cerveau. En bref, en 1 minute toutes les 45 minutes vous augmentez votre productivité et votre efficacité au travail. Un bon argument pour justifier cette pause.

QUAND UNE ARTICULATION EST DOULOUREUSE

Nous l'avons vu, les restrictions articulaires perturbent le mouvement. Elles induisent une perte de mobilité des tissus et des douleurs. La magie des **mobilisations articulaires tractées** est qu'elles induisent très rapidement un mieux-être. Lorsqu'une articulation est douloureuse, il est important d'utiliser les mobilisations articulaires tractées dès que vous le pouvez dans la journée (2 min avant de partir au travail, 5 min après vos automassages et avant votre programme correctif). Comme pour les automassages, ces mobilisations doivent améliorer rapidement les douleurs et ne doivent jamais les aggraver.

Retrouvez les mobilisations articulaires en images dans la partie pratique du livre, page 202.

TOUT EST HISTOIRE(S) DE MOTIVATION

Pour arriver à ses fins, il faut se fixer des objectifs qui sont réalisables, mesurables, quantifiables et il faut que ces objectifs ne dépendent que de nous afin d'avoir une emprise totale sur eux. Cependant, qu'en est-il d'un objectif que l'on doit mener tout au long de sa vie ? Comment rester motivé au fil du temps malgré les embûches ou les tentations que la vie nous présentera tout au long du parcours ? Je n'ai pas de réponses toutes faites à vous donner, pas de stratégie miracle, mais plutôt des histoires de vie, les exemples de personnes qui suivent déjà cette méthode et qui l'appliquent depuis quelques années.

Pour commencer, mon propre parcours. Blessé il y a quelques années, j'ai cherché des méthodes et des exercices pour que cela ne se reproduise plus. Mais comme tout le monde, il m'arrive de manquer de motivation, de baisser les bras car je suis fatigué ou n'ai pas le moral à cause d'événements somme toute assez futiles. C'est pour cela peut-être que j'ai d'abord écrit ce livre : pour moi-même. D'une part pour mieux synthétiser toutes mes recherches, d'autre part pour me fixer mes propres objectifs, mes propres garde-fous. Comme beaucoup de personnes, particulièrement les sportifs, je fonctionne par mimétisme, par exemplarité. Écrire ce livre c'est aussi faire en sorte que je sois le reflet de ce que je prône. Et c'est ainsi que la crédibilité du livre sera associée à ma propre posture ! Une bonne raison pour moi de ne pas m'éloigner des sentiers battus en plus de la nécessité de maintenir un corps fonctionnel pour ma pratique sportive de haut niveau.

Autre histoire, autre motivation : Bernard est chirurgien, très sportif. Des années de bloc opératoire et le manque d'étirements après ses séances de sport ont eu raison de ses disques intervertébraux au niveau cervical : hernie discale entre D1 et C7 (première dorsale et dernière cervicale). L'âge de la retraite approche et Bernard se dit qu'il voudrait bien en profiter, ce qui signifie pour lui, faire du sport. Le problème est que les confrères qu'il a consultés lui suggèrent de se faire opérer afin d'être tranquille. J'ai rencontré Bernard à ce moment-là, il y a deux ans, et il travaille depuis avec le programme d'*Un corps sans douleur*. Non seulement il n'a plus de douleurs dans le cou ou d'irradiation nerveuse dans le bras, mais il est parti en retraite depuis quelques mois et, aux dernières nouvelles, il joue au golf tous les matins et fait un peu de musculation, de la course à pied ou du tennis les après-midi. Et sa hernie discale ? Sa dernière IRM ne montrait qu'un très faible déplacement du noyau. En tous les cas, il ne ressent plus de problème.

Vernon était un joueur de football américain très prometteur depuis son plus jeune âge. Mais lors de la préparation de la draft 2004, le « marché aux joueurs » pour les sélectionneurs des équipes professionnelles, il s'est blessé au genou droit. Avec cette blessure, c'est non seulement une passion mais aussi un moyen très lucratif de gagner sa vie qui s'est envolé, les contrats annuels se négociant en millions de dollars pour les meilleurs joueurs. Nous avons travaillé ensemble un an après sa blessure et une rééducation conduite « bizarrement ». Il présentait surtout un nombre important de compensations corporelles provoquant bon nombre de tendinites et de douleurs, notamment au niveau des hanches et du bas du dos. Vernon exécute depuis religieusement ses exercices avant et après l'entraînement, plus une autre séance le soir. Pour lui, son corps est un outil de travail aussi précieux que les voitures de luxe qu'il possède. Il en prend donc soin tous les jours.

Enfin, une belle histoire, celle de Françoise et Roger, un couple de 70 et 72 ans qui effectue chaque jour ensemble son petit programme correctif (ils appellent ça leur « gym ») pour garder la forme, se motiver mutuellement mais surtout pour éviter de devenir dépendant physiquement de l'un ou de l'autre. Ils pensent que c'est une forme de respect mutuel. Impensable pour eux de louper une séance. C'est leur rituel quotidien. Un rituel « qui nous donne la pêche » déclarent-ils.

De façon générale, le programme d'*Un corps sans douleur* est mieux effectué dans un cadre familial, au sein d'un couple ou avec des amis. Je ne parle pas du fait de l'exécuter en groupe car chaque posture ayant son programme, cela peut être compliqué. Il s'agit simplement que cette prise en charge personnelle soit acceptée, respectée, encouragée par la cellule familiale, par les autres, par les amis.

Bref, il appartient à chacun d'entre nous de trouver sa source de motivation afin de mettre en application les principes, méthodes et exercices de ce livre. J'ai conscience de la difficulté que cela peut représenter pendant toute une vie. En écrivant ce livre j'ai pris ma part de responsabilité humaniste, celle de partager une méthode, qui n'est pas la seule, pour vivre dans un corps sans douleur. À vous de prendre vos responsabilités quant à la prise en charge personnelle de votre corps.

CHAPITRE 6

LES GRANDS PRINCIPES DE LA NUTRITION ANTI-INFLAMMATOIRE

En matière de santé globale, la nutrition est un domaine trop méconnu, souvent sous-estimé, parfois mal interprété et donc mal utilisé. L'influence des aliments est si prépondérante dans les mécanismes inflammatoires du corps humain qu'il m'a semblé fondamental d'écrire un chapitre sur le sujet, histoire d'être complet. En effet, mieux manger aide véritablement le corps à vivre sans douleur.

Nous avons déjà abordé la réaction inflammatoire dans le chapitre sur les *trigger points* et le cycle de l'inflammation. Rappelons donc que l'inflammation n'est pas mauvaise en soi puisqu'elle permet justement au corps de réagir à une agression (virus, bactéries, traumatismes).

Des agressions peuvent aussi se produire directement au sein de notre organisme, c'est le cas lors d'une réaction auto-immune où le système immunitaire ne reconnaît plus certaines cellules de l'organisme et se met à les combattre.

Le problème avec les mécanismes inflammatoires c'est qu'ils sont censés favoriser un état transitoire de lutte pour pouvoir guérir mais qu'ils deviennent souvent chroniques. Or un état inflammatoire chronique diminue la capacité des tissus à se régénérer (avec les effets que vous connaissez maintenant sur la posture) mais a aussi des conséquences globales sur le vieillissement et le développement de nombreuses maladies (arthrose, cancer, diabète, etc.). Voici les 5 règles d'une nutrition anti-inflammatoire.

1• CHOISIR LES BONNES GRAISSES

Les graisses que nous ingérons jouent un rôle fondamental dans l'inflammation. En effet, certaines d'entre elles (les oméga-6) conduisent l'organisme à fabriquer des molécules inflammatoires tandis que d'autres agissent au contraire comme de véritables pare-feu enrayant le cercle vicieux de l'inflammation : ce sont les oméga-3.

Les oméga-6 sont apportés par les huiles de tournesol, de pépins de raisin et par les animaux nourris avec des farines riches en acides gras. On en trouve ainsi beaucoup dans la viande de bœuf, le poisson d'élevage, le poulet et les œufs de poules en batterie, les plats préparés avec des margarines ou les huiles précitées. Les oméga-3, eux, proviennent des huiles de colza, de lin, de noix ou des poissons gras (thon, saumon, sardine, maquereau...) et des crustacés.

LES ACIDES GRAS, QU'EST-CE QUE C'EST ?

On distingue les graisses d'après les acides gras qui les composent. Les acides gras sont des chaînes constituées essentiellement de carbone et d'hydrogène. Lorsque ceux-ci, du fait de leurs caractéristiques chimiques, ne peuvent plus accepter d'hydrogène, ils sont dits « saturés ». Ils sont dits « mono-insaturés » lorsqu'ils peuvent accepter un seul atome d'hydrogène et « polyinsaturés » lorsqu'ils peuvent en fixer plusieurs.

Parmi les acides gras polyinsaturés, deux sont « essentiels » : l'organisme ne sachant pas les fabriquer, ils doivent impérativement être apportés par l'alimentation. Ce sont les acides linoléique (tournesol, maïs) et alpha-linolénique (noix, lin, colza). Une fois absorbés, l'un et l'autre sont transformés en d'autres acides gras. L'acide linoléique et les acides gras auxquels il donne naissance forment la famille des oméga-6, l'alpha-linolénique et tous les acides gras issus de ce dernier, celle des oméga-3.

Si les graisses jouent un rôle aussi fondamental dans l'inflammation c'est parce qu'elles sont formées d'acides gras (lire encadré ci-contre) à partir desquels nous fabriquons des substances semblables à des hormones appelées « prostaglandines ». Quels sont ces acides gras ?

À partir des acides gras oméga-6, nous pouvons synthétiser des prostaglandines dont les effets favorisent l'inflammation, la coagulation du sang et la contraction des vaisseaux sanguins.

À partir des acides gras oméga-3, nous fabriquons des prostaglandines aux actions opposées à celles dérivées des oméga-6 : effets anti-inflammatoires, anticoagulants et favorisant la dilatation des vaisseaux.

Dans les meilleures conditions, ces effets opposés sont en équilibre. Le problème c'est que l'alimentation contemporaine apporte beaucoup plus d'oméga-6 que d'oméga-3. Le rapport actuel oméga-6/oméga-3 dans l'alimentation des Français, des Belges, des Suisses ou des Canadiens varie entre 10/1 et 20/1 alors qu'il devrait idéalement se trouver autour de 4/1.

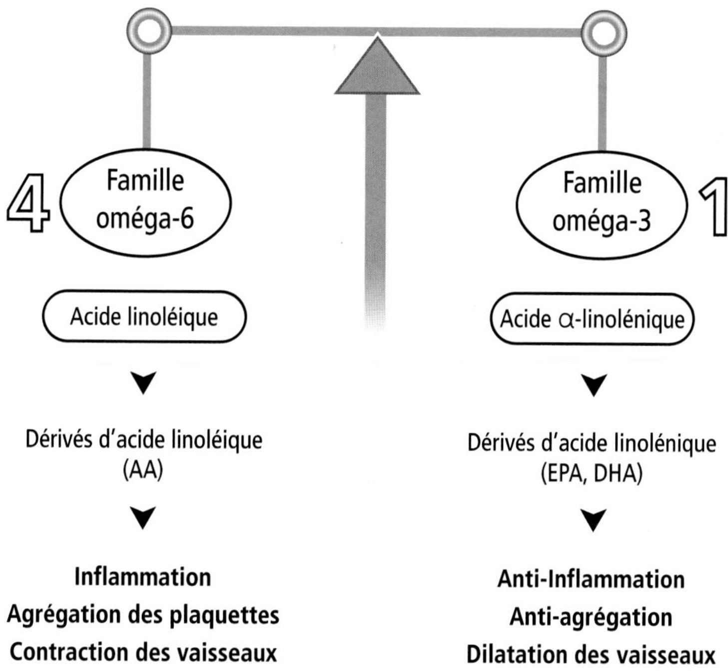

Avec ce ratio de 20/1, c'est le métabolisme des oméga-6 qui prend le pas sur celui des oméga-3. Nous synthétisons beaucoup plus de composés inflammatoires que de composés anti-inflammatoires. Conséquence : une alimentation dont le ratio oméga-6/ oméga-3 est déséquilibré favorise l'inflammation chronique.

La solution ? Manger moins d'aliments riches en oméga-6 et plus d'aliments contenant des oméga-3 afin de tendre le plus possible vers un ratio de 4/1.

De façon globale, il faut maintenir les proportions des acides gras saturés à un niveau faible. Il faut donc limiter les produits animaux gras comme les viandes de bœuf, d'agneau, etc. et les produits laitiers (fromage, lait et yaourt entier, beurre).

Les acides gras mono-insaturés contenus dans l'huile d'olive, l'avocat, les amandes, les noix de cajou, etc. sont bons pour la santé car ils n'ont pas beaucoup d'influence sur la production de prostaglandines.

Pour lutter contre les mécanismes inflammatoires il faut donc diminuer sa consommation d'oméga-6 et augmenter celle d'oméga-3. Simple dans les faits, pas si simple à appliquer.

Comme je l'ai mentionné, beaucoup d'aliments sont riches en oméga-6 : huiles, margarines, plats préparés, viandes... Difficile donc de les supprimer totalement de vos menus. C'est pourquoi il s'agira de limiter au maximum leur consommation et surtout, en parallèle, d'augmenter considérablement celle d'aliments riches en oméga-3.

Puisque les huiles riches en oméga-3 sont fragiles et résistent assez peu aux hautes températures, il est conseillé d'utiliser de l'huile d'olive (riche en acides gras mono-insaturés et en antioxydants protecteurs) pour la cuisson. En assaisonnement, privilégiez l'huile de colza, de lin ou de noix.

Côté végétaux, je vous invite à découvrir le pourpier, le légume vert le plus riche en oméga-3 (suivi par la mâche et les épinards). La noix de Grenoble apporte aussi les acides gras oméga-3 et oméga-6 dans les proportions idéales. Les graines de lin sont également une excellente source d'oméga-3. Entières ou moulues, elles peuvent s'incorporer à diverses préparations : salades, muesli, compote, fromage blanc, pain.

Veillez également à consommer au minimum 3 fois par semaine des poissons gras sauvages (sardines, thon, maquereau, saumon, anchois, etc.). Les sardines fraîches ou en boîte sont, par exemple, un bon choix. D'une part, elles sont pêchées à l'état sauvage et, d'autre part, leur petite taille limite la teneur en métaux lourds et en dioxine. Les œufs provenant de poules nourries aux graines de lin (filière Bleu-Blanc-Cœur par exemple) présentent également des ratios oméga-6/oméga-3 intéressants. C'est le cas aussi de certains jambons issus de porcs nourris au lin.

Il peut être intéressant par ailleurs de se supplémenter pendant quelques mois avec des capsules d'oméga-3 vendues en pharmacie afin de rétablir un équilibre au niveau des cellules entre oméga-3 et oméga-6. Pensez-y plus particulièrement si vous êtes végétarien.

Enfin, faites attention à d'autres graisses qui augmentent la nocivité inflammatoire des oméga-6 : les acides gras *trans* provenant le plus souvent d'un procédé industriel, l'hydrogénation des graisses. Très utilisées en industrie agroalimentaire afin de favoriser le passage d'une graisse végétale liquide en graisse solide, ces graisses se trouvent fréquemment dans les gâteaux, les céréales pour enfant, les plats préparés, les aliments de fast-food. Apprenez à lire les étiquettes des aliments ou plats que vous achetez en recherchant la mention « graisses (ou huiles) hydrogénées ou partiellement hydrogénées ». Si ce n'est pas indiqué dans la liste des ingrédients sur l'étiquette du produit, c'est qu'il n'y en a pas (la législation française obligeant les industriels à les mentionner).

2• CHOISIR LES BONS GLUCIDES

En intervenant dans le métabolisme des acides gras, l'insuline influence la production de prostaglandines inflammatoires. Plus l'insuline est sécrétée plus elle active, via une enzyme, la transformation d'un acide gras, l'acide di-homo-gammalinolénique (DGLA pour les intimes) en acide arachidonique qui donne lui-même naissance aux prostaglandines pro-inflammatoires.

L'insuline est une hormone qui est sécrétée par le pancréas afin de contrôler le taux de sucre sanguin (glycémie). Plus il y a de sucre qui se balade et plus l'organisme sécrète de l'insuline afin de maintenir la glycémie à un niveau stable. Malheureusement l'alimentation actuelle favorise une forte sécrétion d'insuline en permanence à cause de la nature des glucides que nous ingérons. En effet, les aliments riches en glucides n'ont pas tous le même effet sur la glycémie et donc la libération d'insuline. L'impact de ces aliments sur le taux de sucre sanguin est mesuré par l'index glycémique. Un index glycémique (IG) élevé (entre 70 et 100) correspond à un aliment qui augmente fortement et rapidement la glycémie et le taux d'insuline. Lorsqu'il est compris entre 55 et 70, l'IG est dit modéré. Inférieur à 55, il est considéré comme bas. Or, ce sont les aliments glucidiques les plus consommés actuellement que l'on retrouve dans les IG élevés (voir tableau) : pain blanc, céréales raffinées, pommes de terre, frites, farine blanche, céréales du petit déjeuner, etc. Les aliments à IG bas sont souvent les grands oubliés de nos assiettes : lentilles, légumes, haricots secs, fruits secs, etc.

Tableau des index glycémiques

IG ÉLEVÉ (>70)	IG MODÉRÉ (55<IG<70)	IG BAS (< 55)
	FRUITS	
Dattes 103	Melon 65	Pomme fraîche 38
	Cerises 63	Abricots frais 34
	Papaye 59	Abricots secs 30
	Banane bien mûre 65	Pêches au sirop 52
	Figues séchées 61	Pamplemousse 25
	Raisins secs 64	Raisin 53
	Ananas frais 59	Banane pas trop mûre 52
	Abricots au sirop 64	Kiwi 53
		Poire 38
		Orange 42
		Jus de pomme sans sucre ajouté 44
		Jus de pamplemousse sans sucre ajouté 48
		Jus d'orange pur jus 50
		Jus de tomate 38
	FRUITS OLÉAGINEUX	
		Noix de pécan 10
		Noix de cajou salées 22
		Cacahuètes grillées salées 23
	LÉGUMES	
	Tous les légumes ont un IG bas voire très bas	

IG ÉLEVÉ (>70)	IG MODÉRÉ (55<IG<70)	IG BAS (< 55)
		Carottes crues 16
		Carottes cuites 47
	LÉGUMINEUSES	
		Lentilles vertes séchées cuites à l'eau 30
		Lentilles corail 26
		Lentilles en conserve 48
		Pois chiches secs cuits à l'eau 33
		Petits pois 41
	SOJA ET PRODUITS DÉRIVÉS	
		Lait de soja enrichi en calcium 43
		Yaourt au lait de soja et aux fruits 25
		Tofu (ne contient pas de glucides)
	POMME DE TERRE	
Pomme de terre cuite au four 95	Pomme de terre avec la peau à la vapeur 60	Patate douce cuites 46
Purée de pomme de terre instantanée 83	Chips 56	
Pomme de terre pelée bouillie 78		
Pomme de terre nouvelle avec la peau bouillie 66		
Frites 64		
	CÉRÉALES ET PRODUITS DÉRIVÉS	
Baguette blanche 75	Pain complet au levain 60	Pain intégral 49
Baguette blanche (60 g) avec pâte à tartiner au chocolat (20 g) 72	Baguette blanche (60 g) avec beurre (10 g) et confiture de framboise (20 g) 62	Pumpernickel (pain noir allemand) 50
Pain de mie blanc 74	Croissant 67	LU P'tit déjeuner choc 37
Pain de mie complet 71	Muesli naturel 56	All-Bran Kellogg's 34
Biscotte blanche 75	Flocons d'avoine traditionnels 59	Bichoco Prince, BN 52
Spécial K Kellogg's 84	Spaghetti cuisson 11 min 59	Macaroni 47

IG ÉLEVÉ (>70)	IG MODÉRÉ (55<IG<70)	IG BAS (< 55)
Barquette abricot LU 71	Riz blanc cuit à l'eau 64	Vermicelles 35
Corn Flakes Kellogg's 77	Riz basmati 58	Blé Ebly cuisson 10 min 50
Coco pops Kellogg's 82	Polenta 68	Riz complet 50
Rice Krispies Kellogg's 82		Gnocchi à poêler 52
Smacks Kellogg's 71		
Tapioca cuit au lait 81		
Galettes de riz soufflé 82		
Riz à cuisson rapide 6 min 72		
	SODAS, BOISSONS	
Sprite 70	Coca-cola 58	Jus d'orange 52
	Fanta orange 68	Jus de pomme 40
	Bière 66	Jus de raisin 48
	SUCRES, SUCRERIES, SNACK	
Glucose 100	Sucre blanc (saccharose) 68	Chocolat noir 23
Dragibus 78	Barre chocolatée Mars 62	M&M'S 33
Réglisse Haribo 78	Miel mélange commercial 62	Chocolat au lait 41
		Confiture 46
	PRODUITS LAITIERS	
	Lait concentré sucré 61	Yaourt aux fruits allégé en matières grasses 18
		Lait entier 27
		Lait demi-écrémé 30
		Glaces 38
	VIANDES, ŒUFS, PRODUITS DE LA MER	
	Aliments influençant peu la glycémie car ils contiennent peu voire pas de glucides	

(d'après le *Guide des index glycémiques*, éd. Thierry Souccar)

On voit très bien que plus les aliments sont riches en fibres et non transformés, moins ils font sécréter de l'insuline. Ce sont donc ces aliments-là que nous devons consommer en priorité. Cependant il faut aussi prendre en considération le fait que plus on absorbe de glucides, plus on augmente la sécrétion d'insuline en conséquence. Aussi, le fait de manger des aliments dont l'index glycémique est faible ne dispense pas d'en contrôler la quantité. 100 g de quinoa n'auront pas le même impact sur la glycémie et l'insuline que 250 g. En clair, ce n'est pas parce qu'un aliment a un index glycémique faible que l'on peut le consommer à volonté ! Pour évaluer la capacité d'une portion donnée d'aliment à élever le sucre sanguin, les chercheurs ont mis au point une autre notion : la charge glycémique.

La charge glycémique s'obtient en multipliant l'IG par la quantité de glucides d'une portion de cet aliment, puis en divisant par 100.

Charge Glycémique =
[Index Glycémique de l'aliment x quantité de glucides d'une portion d'aliment (g)]/100

Selon son poids, sa taille, son âge et son niveau d'activité physique, il est possible de déterminer une charge glycémique journalière à ne pas dépasser afin de ne pas libérer trop d'insuline, donc de ne pas favoriser la production de molécules inflammatoires (pour en savoir plus sur la charge glycémique, lire *Le régime IG diabète* du Dr Médart à ces mêmes éditions qui est adressé à tout le monde, pas seulement aux diabétiques).

3• FAIRE ATTENTION À LA CUISSON

Lors de la cuisson se produisent certaines réactions chimiques aux conséquences non négligeables sur la posture et plus généralement sur la santé. Ainsi, la fameuse réaction de Maillard, à l'origine de la croûte brune du pain et du bon goût du poulet rôti, permet la formation de molécules qui ne sont pas du tout du goût de notre organisme : les AGE (« Advanced glycation end products » ou produits de glycation avancés). Si l'organisme fabrique tout seul ces produits de glycation avancés et que l'on ne peut rien faire contre, il se trouve cependant que la majorité des AGE présents dans notre organisme proviennent de... l'alimentation. Les AGE sont mauvais pour le corps car ils en accélèrent le vieillissement. Par exemple, quand ils s'attaquent aux molécules de collagène, celui-ci perd son élasticité. Résultat : la peau et les tendons sont distendus, ce qui contribue à l'apparition des rides et à l'accélération du vieillissement cutané. On peut tout à fait imaginer qu'ils s'attaquent de la même façon aux fascias ce qui explique l'influence négative des AGE sur notre posture.

Nous pouvons limiter la production d'AGE à l'intérieur de l'organisme, en mangeant moins de sucres en tout genre : les produits sucrés raffinés (pain blanc, céréales du petit déjeuner, biscuits, confiseries, etc.), les boissons sucrées et, de façon globale, les aliments à IG élevé.

Nous pouvons aussi contrôler la quantité d'AGE que nous absorbons en évitant les modes de cuisson agressifs : four à plus de 100 °C, fritures, poêle. Préférez des modes de cuisson plus doux : à la vapeur ou en papillotes, à l'étouffée sur feu doux. Mieux encore : consommez dès que possible des aliments crus (poissons marinés, sushis et autres sashimis, carpaccio ou tartare de bœuf...).

4• AVOIR LE RÉFLEXE « ÉPICES »

La nature est bonne avec nous (même si le contraire n'est pas forcément vrai !). Elle nous apporte en effet tout un arsenal naturel de molécules afin de nous soigner. Beaucoup de médicaments sont d'ailleurs issus des plantes. C'est le cas par exemple de l'aspirine dont le principe actif, l'acide salicylique, provient de l'écorce du saule blanc.

Les plantes et les épices offrent un avantage non négligeable par rapport aux médicaments. Leur toxicité est faible, voire nulle (en tout cas pour les molécules dont nous allons parler). Si bien que, même à forte dose, on prend moins de risques qu'en absorbant un médicament. Mais cela, l'industrie pharmaceutique ne nous le dit pas ! Les médicaments ne sont pas inutiles pour autant. Mais lorsqu'on peut en diminuer les doses et donc les effets secondaires, pourquoi s'en priver ?

Les épices offrent cette possibilité de réduire l'utilisation de médicaments anti-inflammatoires aux effets secondaires souvent gênants. Un certain nombre d'entre elles ont montré en laboratoire et lors d'études rigoureuses chez l'homme des propriétés anti-inflammatoires puissantes. C'est le cas des trois épices que nous allons détailler maintenant : le gingembre, le curcuma et le clou de girofle.

Le gingembre

Le gingembre est une plante très riche en antioxydants et en principes actifs extrêmement puissants contre certaines molécules inflammatoires : les leucotriènes.
Mon conseil : au lieu de poivrer ou saler vos plats et soupes, relevez-les avec de la poudre de gingembre que l'on trouve dans tous les supermarchés au rayon épices et condiments.

Le curcuma

Autre épice, le curcuma qui est très utilisé dans la cuisine indienne pour donner au plat une couleur jaune orangé. Il entre dans la composition du célèbre curry. Le principe actif le plus étudié du curcuma est la curcumine aux propriétés antioxydantes et anti-inflammatoires reconnues. Les scientifiques ont montré que le curcuma est aussi efficace que les médicaments anti-inflammatoires utilisés pour lutter contre l'arthrose. Ils ont aussi découvert que la curcumine renforce les globules blancs (donc les défenses naturelles) et lutte contre certain virus.
Mon conseil : rajoutez du curcuma dans les plats de riz, dans la vinaigrette pour assaisonner les salades et les crudités, ou encore dans un jus d'orange ou du thé (le thé au curcuma est très réputé).

Le clou de girofle

Il contient lui aussi de très puissantes molécules anti-inflammatoires, dont l'eugénol. Ce n'est pas pour rien que les dentistes l'utilisent lors des soins ! Le clou de girofle contient aussi beaucoup d'antioxydants. Or, en cas d'inflammation, et particulièrement dans les inflammations chroniques, le corps fabrique beaucoup de radicaux libres, ces fameuses molécules oxydantes qui agressent les cellules de l'organisme et créent de nouveaux processus inflammatoires !
Mon conseil : utilisez le clou de girofle en poudre dans les préparations de viandes ou de poisson. Pour les soupes, pensez à faire cuire les légumes avec un oignon piqué de trois à quatre clous de girofle.

Toutes ces épices (le curcuma en particulier) sont mieux assimilées lorsqu'elles sont accompagnées d'une petite quantité de poivre (une pincée) et d'un peu de matière grasse (huile d'olive ou de colza).

5• ACCORDER UNE LARGE PLACE AUX FRUITS ET LÉGUMES

Pour fonctionner l'organisme doit se situer dans un pH légèrement basique, afin que les réactions chimiques soient optimales. L'équilibre acide-base dépend en grande partie de la présence dans l'organisme de deux composés aux effets antagonistes. D'un côté, l'acide sulfurique, issu de la dégradation de deux acides aminés soufrés (méthionine et cystine), contribue à l'acidité de l'organisme. De l'autre, le bicarbonate de potassium, produit lors de la dégradation des sels de potassium alimentaires (citrate de potassium, malate de potassium), tire l'organisme vers une zone de pH plus élevé (basique ou alcaline).

Jusqu'à la fin du paléolithique, c'est-à-dire il y a environ 12 000 ans, l'alimentation humaine était remarquablement alcaline. À partir du néolithique, elle devient globalement acide. L'explication est simple. L'alimentation paléolithique, riche en végétaux (peu acidifiants) est gorgée de sels de potassium qui prennent facilement en charge les acides issus du métabolisme alimentaire. Même lorsque la part des protéines animales (poisson, viande) augmente, il y a 150 ou 200 000 ans, l'alimentation de nos ancêtres reste globalement alcaline du fait de la place prépondérante des végétaux. Sur la base d'un régime apportant 3000 calories (kcal) par jour, les experts estiment que les végétaux représentaient, en poids, 65 % de l'alimentation totale.

En revanche, à partir du néolithique, la consommation de fruits et légumes recule. Les aliments dominants (céréales, viande, laitages) contiennent des acides aminés soufrés, mais quasiment pas de composés alcalinisants. Conséquence : l'acidité de l'organisme augmente. On sait aujourd'hui que les céréales contribuent à 40 % de l'acidité de l'alimentation, ce qui est considérable.

Lorsque la production d'acides à l'intérieur de l'organisme est trop importante, la densité minérale osseuse diminue, la masse musculaire fond, les reins souffrent, la sécrétion d'hormone de croissance est perturbée chez l'enfant et même chez l'adulte. Lorsqu'on se trouve dans une acidose chronique, le corps cherche des substances « alcalinisantes » dans l'organisme. Il les trouve dans nos os ce qui fait que l'acidité de l'organisme est certainement responsable de l'épidémie d'ostéoporose qui sévit dans les pays riches.

Cette acidité, comme je l'ai mentionné plus haut, tend à faire fondre la masse musculaire. Or, quand la masse musculaire fond, elle est remplacée par des tissus de collagène peu élastiques. Cela a une incidence négative sur notre posture et notre mobilité articulaire.

Comment lutter contre l'acidité de l'organisme ? C'est très simple : il suffit de manger moins de viande, moins de céréales, moins de laitages et beaucoup plus de fruits, de légumes et de boire des eaux « alcalinisantes » : Vichy St Yorre, Arvie, Rozanna, Badoit.

LA NUTRITION ANTI-INFLAMMATOIRE EN PRATIQUE

Afin de vous faciliter la vie, voici l'essentiel des règles alimentaires à connaître pour diminuer l'inflammation et les douleurs.

- Mangez **à chaque repas des fruits et des légumes**, surtout si ce repas contient une source de protéine comme de la viande, du poisson, des œufs. Variez les fruits et les légumes dans la journée et dans la semaine (variez-en notamment les couleurs). Utilisez de l'ail et de l'oignon en petite quantité (ou en grosse quantité) chaque jour. Issus de la même famille, ils fluidifient le sang, renforcent le système immunitaire et sont antioxydants.
- Mangez au minimum **3 fois par semaine des poissons gras** comme le saumon sauvage, les sardines fraîches ou en boîtes marinées à l'huile d'olive et 1 fois par semaine des crustacés.
- **Limitez votre consommation de viande rouge**. Préférez la volaille. Si possible préférez les viandes et les œufs issus de la filière biologique et d'animaux nourris en plein air. Ces produits sont certes plus chers mais largement meilleurs pour la santé. Et lorsque c'est plus cher, on fait plus attention à ce que l'on mange et à la façon dont on prépare ses repas (épices, cuisson, accompagnement). Donc on gagne sur toute la ligne.
- Utilisez quotidiennement les **épices** comme le curcuma, le gingembre, les clous de girofle. On peut intégrer ces épices dans les sauces, les vinaigrettes, les boissons chaudes, les céréales, etc. Mentionnons aussi la cannelle, aux propriétés antioxydante et hypoglycémiante très intéressantes (pour limiter la sécrétion d'insuline) que l'on peut incorporer dans le thé, les desserts, etc.

- **Limitez votre consommation de céréales**, particulièrement celles qui sont raffinées (farine blanche, pâtes blanches, etc.). Préférez les céréales complètes, le riz basmati, le quinoa, le sarrasin, les amarantes, etc. dont l'index glycémique est faible ou moyen.
- **Attention aux modes de cuisson agressifs**. Préférez la cuisson à la vapeur en dessous de 100 °C, les marinades pour les poissons, les tartares pour les viandes et poissons, les sushis.
- **Limitez fortement votre consommation de produits sucrés**. Exception faite après un effort sportif où les sucres (crème de marron, miel, compote de pomme) seront très vite dirigés et absorbés vers les muscles qui viennent de travailler, favorisant ainsi leur récupération et la reconstruction des fibres musculaires ayant souffert pendant l'effort.
- **Consommez des eaux minérales « alcalinisantes »** comme Arvie, Rozanna, Badoit, Evian.

ALLERGIE ALIMENTAIRE ET COLONNE VERTÉBRALE

L'alimentation joue aussi un rôle dans la stabilité de la colonne vertébrale et du bassin. Nos organes internes ont en effet leurs nerfs sensitifs qui empruntent les mêmes chemins que ceux des muscles de la région de l'abdomen. Cela implique que quand un organe, l'intestin par exemple, souffre comme lors d'une allergie alimentaire ou d'une colite (inflammation du côlon), notre cerveau ne détermine pas très bien si c'est un muscle ou un organe de cette région qui souffre. En conséquence, le cerveau détermine le segment de la colonne d'où provient le signal et lui envoie en retour l'ordre d'agir comme lors d'une inflammation. Dès lors, les muscles de cette région sont inhibés et ils perdent leurs tonus, ce qui diminue la stabilisation de la colonne à cet endroit-là.

En soignant son alimentation on permet donc de limiter ce phénomène. Dans ce cadre précis, cela revient à éviter les intolérances alimentaires et à soigner sa flore intestinale. Parmi les aliments déclenchant les intolérances alimentaires les plus courantes, on trouve : le gluten (une protéine contenue dans le blé) et le lactose (le sucre principal des laitages). Or, ces deux produits représentent la base de l'alimentation moderne actuelle. On les retrouve ainsi dans la majorité des produits préparés par l'industrie agroalimentaire.

De façon générale, les conseils pour une bonne santé du système digestif sont les mêmes que ceux que nous avons déjà évoqués : éviter les sucreries, limiter les cuissons agressives, privilégier les céréales complètes et « anciennes » (quinoa, sarrasin, riz) qui sont moins allergisantes que le blé, consommer des fruits et des légumes, manger du poisson gras.

EN PRATIQUE 1

Dans cette partie, vous allez enfin découvrir en images et en détails les automassages, les mobilisations (tractées et articulaires), les programmes correctifs (courts et longs) des différentes postures ainsi que les exercices de gainage qui permettent de renforcer la correction.

LES AUTOMASSAGES

Choisir un ou deux automassages par zone (pied/jambe, cuisse, hanche/bassin, dos, épaule/poitrine, cou/bras) en fonction du temps dont vous disposez et de votre objectif du moment.

Masser pendant le laps de temps que vous autorise votre emploi du temps : si vous ne disposez que de 5 min pour intégrer des automassages, n'en faites pas plus. Certaines zones du corps sont naturellement plus tendues que d'autres, ce sont elles que vous devez masser en priorité si vous manquez de temps.

Les automassages réduisent les tensions et les adhérences qui sont à l'origine de multiples douleurs. Le tableau des pages 153 et 154 permet de mieux comprendre l'intérêt des automasssages pour chaque zone corporelle.

LES MOBILISATIONS TRACTÉES

Les exercices de mobilisations tractées doivent être effectués :

- Lorsqu'il y a une restriction de mouvement.
- Lorsqu'une zone autour d'une articulation est douloureuse ou sensible.
- En début de séance de correction posturale et **après des automassages**.
- En journée, pour entretenir les gains de mobilité d'une articulation.
- Après une séance de sport au cours de laquelle une zone a particulièrement été compressée et mobilisée à grande vitesse : hanches et chevilles dans un sport où l'on court, saute, change de direction, ou après une séance de musculation des membres inférieurs. Hanches, épaules, région thoracique, région cervicale dans un sport où l'action des bras est prépondérante ou limitée.
- Avant une séance de sport lorsqu'une zone est très limitée en termes d'amplitude et de mobilité et que cette limitation peut entraîner des compensations. Dans ce cas les mobilisations tractées seront toujours suivies d'un échauffement soigné.

- Effectuez en moyenne 15 mobilisations tractées toujours progressivement.
- Faites 1 à 2 série(s) de chaque exercice.
- Dans le cas d'une articulation limitée, travaillez toujours préférentiellement le côté non limité selon un ratio de 3/1 : 15 mobilisations du côté limité, 5 de l'autre.
- Dans le cas d'une articulation luxée, respectez toujours la règle de la non-douleur et restez à l'écoute. Demandez éventuellement conseil à votre kiné ou votre ostéopathe sur la bonne direction à utiliser pour la traction. Vous trouverez à la page 190 4 fiches de mobilisations tractées, chacune concernant une zone articulaire particulière.

LES MOBILISATIONS ARTICULAIRES

Elles s'adressent surtout aux personnes qui travaillent toute la journée en position assise. Il est important d'effectuer dans la journée des mouvements permettant de contrecarrer les effets néfastes de cette position. Vous trouverez à la page 202 5 circuits à effectuer dans la journée, dès que vous y pensez. Idéalement, il faudrait les réaliser toutes les 45 minutes. Vous pouvez grouper plusieurs circuits ou les utiliser de façon indépendante tout au long de la journée. L'important est de tous les utiliser.

MUSCLES	POURQUOI LES MASSER ?	DURÉE DE TRAVAIL
Voûtes plantaires	Tensions et adhérences peuvent provoquer des douleurs et des tendinites, une restriction de la flexion de la hanche et de la colonne via la chaîne arrière superficielle	20 sec à 1 min
Soléaires/mollets	Ce sont des muscles puissants et courts au sein desquels tensions et adhérences peuvent provoquer des tendinites du tendon d'Achille et de la voûte plantaire, ainsi que des élongations, déchirures au niveau de la jonction soléaire/mollet	20 sec à 2 min
Péroniers/jambiers antérieur et postérieur	Tensions et adhérences peuvent provoquer des douleurs latérales au genou, des douleurs dans le pied (compressions nerveuses), des périostites	20 sec à 1 min 30
Ischio-jambiers	Tensions et adhérences peuvent provoquer des élongations et déchirures, des douleurs à l'arrière du genou, irriter le nerf sciatique, limiter la flexion de la hanche et du genou, modifier le rythme de l'articulation sacro-iliaque via la chaîne arrière superficielle	30 sec à 1 min 30
Adducteurs	Tensions et adhérences peuvent provoquer des douleurs de hanche, de bassin, de dos, de genou et limiter l'ensemble des mouvements de la hanche (ce qui force le dos à compenser)	1 à 3 min
Fessiers, rotateur de hanches, tenseur du fascia lata	Tensions et adhérences peuvent provoquer : - une irritation du nerf sciatique, - une altération des mouvements de la hanche (trop de rotation externe ou interne), - une modification des schémas moteurs (marche, course, impulsion, saut), - des douleurs de genou, - une diminution des capacités de stabilisation de l'articulation sacro-iliaque et du genou	1 à 4 min
Quadriceps/iliaque	Tensions et adhérences peuvent provoquer : - des douleurs de genou (externe, au niveau de la rotule, interne) - des douleurs de dos (hyperlordose) avec inhibition des muscles fessiers (inhibition réciproque) - des douleurs au niveau de la hanche	30 sec à 2 min

j'adopte. Il y a parfois de grandes différences entre la façon dont on ressent son corps et la réalité. Certaines personnes ont même des postures « catastrophiques » tout en ayant le sentiment d'être bien « droites ».

Comment planifier les exercices de gainage ?

- Si vous avez des douleurs corporelles et que vous ne pratiquez pas de sport régulièrement :
  - Après diminution de vos symptômes douloureux (généralement 10 à 15 jours après avoir débuté les automassages et le programme correctif).
  - Un peu tous les jours : 1 circuit complet.
  - Changez chaque jour de circuit.
- Si vous avez des douleurs corporelles et que vous êtes sportif :
  - Après diminution de vos symptômes douloureux (généralement 10 à 15 jours après avoir débuté les automassages et le programme correctif).
  - 2 à 3 fois par semaine **après** vos séances d'entraînement, effectuez les 3 circuits / 2 séries à chaque fois.
  - Je vous conseille par la suite d'utiliser les programmes de gainage spécifiques à votre posture développés dans mon livre *Sculptez vos abdos* aux éditions Thierry Souccar.

LE MATÉRIEL

Pour effectuer les exercices de ce livre, il vous faut :

- Un bâton de massage en vente sur www.lanutrition.fr et sur www.christophe-carrio.com ou à défaut un rouleau à pâtisserie.
- Un rouleau de massage (en vente sur le site www.lanutrition.fr et sur www.christophe-carrio.com). Pour fabriquer vous-même un rouleau de massage, achetez un tuyau de PVC de 15 à 20 cm de diamètre et de 60 cm à 1 m de longueur. Achetez parallèlement un tapis de gymnastique au sol en magasin de sport. Le tapis doit être en mousse dure et d'une bonne épaisseur. Collez un morceau du tapis sur toute la surface du tube de PVC. Votre rouleau de massage est prêt.
- Une balle de tennis.
- Des élastiques (en vente sur www.christophe-carrio.com, rendez-vous sur mon forum pour des conseils sur le choix des tensions).

Quelques conseils sur le choix des packs élastiques. Le pack classic est le plus polyvalent des packs que je propose. Il vous permettra d'effectuer tous les exercices de ce livre (exercices de réaction neuromusculaire, de mobilisations tractées). Il vous permettra également de faire de nombreux exercices de renforcement musculaire plus orientés sur le développement de l'esthétique, ou des performances sportives. Si votre budget vous le permet je vous recommande le pack complet, plus cher mais plus... complet pour d'autre forme d'entraînement du CTS.

Comment accrocher la bande élastique à une porte

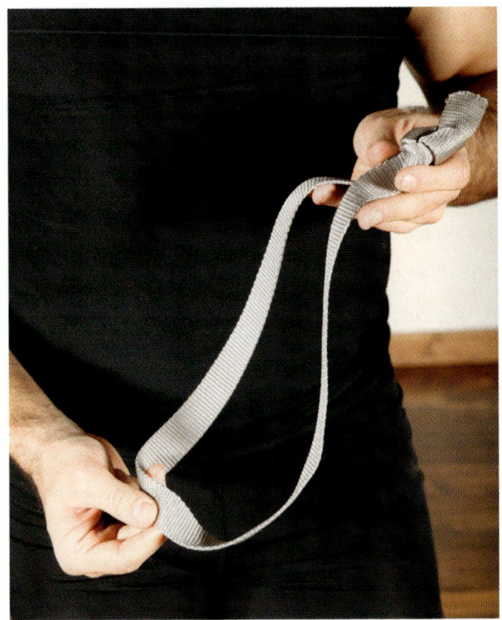

Pour accrocher votre bande élastique, prenez un morceau de sangle en nylon d'environ 50 cm. Faites un nœud afin d'obtenir une large boucle. Placez la sangle dans l'interstice de la porte, entre deux gonds. Le noeud viendra buter contre le gond inférieur une fois la porte fermée et que vous placerez votre élastique dans la boucle de la sangle.

››› PIEDS/JAMBES AVEC BÂTON

A • **DEBOUT,** faites rouler un pied après l'autre sur le bâton de massage ou une balle de tennis sur toute la surface de la voûte plantaire (des orteils jusqu'au talon).

MUSCLES SOLLICITÉS : tous les muscles de la voûte plantaire

B • **ASSIS** au sol, jambe gauche pliée sous la fesse droite, jambe droite pliée vers vous, massez avec un bâton de massage la face arrière de votre jambe sur toute la longueur et sous des angles différents afin de travailler les fascias sous tous les angles. Faites la même chose pour l'autre jambe.

MUSCLES SOLLICITÉS : ceux du mollet et soléaire

C • **ASSIS** au sol, jambe gauche pliée sous la fesse droite, jambe droite pliée vers vous, massez la face avant latérale de votre jambe droite (ne pas passer sur le tibia !) sur toute la longueur et sous des angles différents afin de travailler les fascias sous tous les angles. Faites la même chose pour l'autre jambe.

MUSCLES SOLLICITÉS : jambier antérieur et péronier

D • **ASSIS** sur les fesses, placez le bâton de massage sur le dessus d'une cuisse et massez sur toute la longueur en orientant le pied et le genou différemment pendant tout le massage afin de travailler vos fascias sous des angles différents.

MUSCLES SOLLICITÉS : quadriceps et tenseur du fascia lata

›››

››› PIEDS/JAMBES AVEC BÂTON

E • **ALLONGÉ** sur le dos, placez le bâton de massage à l'arrière d'une cuisse que vous ramenez vers la poitrine. Masser sur toute la longueur en orientant la hanche et le genou différemment pendant tout le massage afin de travailler vos fascias sous des angles différents.

MUSCLES SOLLICITÉS : ischio-jambiers et adducteurs

››› BAS DU TRONC AVEC BÂTON

A • **À GENOUX**, posez le pied droit devant vous. Positionnez le bâton de massage au niveau de la fesse droite et massez sur toute la surface et dans toutes les directions afin de travailler vos fascias de manière différente. Idem avec l'autre jambe.

MUSCLES SOLLICITÉS : grands et moyens fessiers

B • **ASSIS** de profil, jambe gauche pliée devant vous et jambe droite pliée en direction de la fesse (coup de pied vers le sol pour protéger le genou). Placez le bâton de massage au niveau de la fesse droite et massez dans toutes les directions. Idem de l'autre côté.

MUSCLES SOLLICITÉS : grands fessiers et rotateurs de hanche

›››

››› BAS DU TRONC AVEC BÂTON

C • **ASSIS** à genoux (ou sur un tabouret), placez le bâton de massage dans votre dos au niveau de la région lombaire et masser de bas en haut.
MUSCLES SOLLICITÉS : ceux de la région lombaire

D • **ASSIS** à genoux (ou sur un tabouret), placez le bâton de massage dans votre dos en le passant à votre gauche derrière le dos et en le rattrapant sur votre flanc droit avec la main droite. Massez de bas en haut en vous inclinant latéralement vers la gauche.
MUSCLES SOLLICITÉS : carré des lombes et obliques

››› ÉPAULES/POITRINE AVEC BÂTON

A • **ASSIS** à genoux (ou sur un tabouret), placez le bâton de massage dans votre dos au niveau de la région dorsale en le plaçant au niveau de vos coudes pliés et massez de bas en haut.

MUSCLES SOLLICITÉS : ceux de la région thoracique, trapèze, rhomboïde

B • **ASSIS** à genoux (ou sur un tabouret), placez le bâton de massage dans votre dos au niveau de l'épaule droite. Placez la main gauche dans le dos et rattrapez le bâton, puis massez de la nuque à l'épaule.

MUSCLES SOLLICITÉS : trapèzes et fixateurs d'épaule

›››

››› ÉPAULES/POITRINE AVEC BÂTON

C • **ASSIS** à genoux (ou sur un tabouret), placez le bâton de massage dans votre dos au niveau de la région cervicale et massez de bas en haut.

MUSCLES SOLLICITÉS : trapèzes, angulaires et muscles du cou

D • **ASSIS** à genoux (ou sur un tabouret), placez le bâton de massage dans votre dos au niveau de l'aisselle droite en rattrapant le bâton avec la main gauche. Massez de l'aisselle jusqu'au milieu du dos.

MUSCLES SOLLICITÉS : grand dorsal, petit rond, grand rond, sous-épineux

E • **ASSIS,** massez les muscles de la poitrine en posant le bâton de massage au coin de l'épaule et en mobilisant à partir du bras du bas.

MUSCLES SOLLICITÉS : grand pectoral

F • **ASSIS,** massez les muscles de la poitrine avec le bâton de massage en le posant en travers de la poitrine et en montant et descendant.

MUSCLES SOLLICITÉS : grand pectoral

AUTOMASSAGES

››› COU/BRAS AVEC BÂTON

A • **ASSIS,** massez avec le bâton de massage tous les muscles du cou (ne pas masser la pomme d'Adam), y compris les muscles sous la mâchoire. Ce travail peut également se faire avec les doigts.

MUSCLES SOLLICITÉS : sternocléidomastoïdien, scalènes, muscles profonds du cou

B • **ASSIS,** massez l'ensemble des biceps avec le bâton de massage en appuyant une extrémité du bâton contre votre cuisse, puis l'ensemble des triceps en variant les angles de massage.

MUSCLES SOLLICITÉS : biceps et triceps

C • **ASSIS,** massez avec le bâton de massage en appuyant une extrémité du bâton contre votre cuisse, l'ensemble de vos avant-bras et de vos mains.

MUSCLES SOLLICITÉS : ceux de l'avant-bras

››› GLISSÉS-TRACTÉS JAMBES

A • **ASSIS** le mollet sur le rouleau, saisissez les deux extrémités du rouleau puis faites-le légèrement pivoter pour « crocheter » les fascias puis faites glisser doucement. Revenez au point de départ et recommencez.

MUSCLES SOLLICITÉS : ceux du mollet et soléaire

B • **ASSIS,** placez le rouleau sur le bord externe de la cheville. Saisissez les deux extrémités du rouleau puis faites-le légèrement pivoter pour « crocheter » les fascias puis faites glisser doucement. Revenez au point de départ et recommencez.

MUSCLES SOLLICITÉS : jambier antérieur et péronier latéraux

C • **ASSIS** au sol, le dos en contact avec un mur et une jambe pliée. Posez le rouleau au-dessus du genou. Saisissez les deux extrémités du rouleau puis faites-le légèrement pivoter pour « crocheter » les fascias puis faites glisser doucement. Revenez au point de départ et recommencez. Variez également les angles de travail.

MUSCLES SOLLICITÉS : quadriceps

D • **ASSIS** au sol, une jambe tendue latéralement et le rouleau appuyé sur l'intérieur de la cuisse. Saisissez les deux extrémités du rouleau puis faites-le légèrement pivoter pour « crocheter » les fascias puis faites glisser doucement vers la hanche. Revenez au point de départ et recommencez. Variez également les angles de travail.

MUSCLES SOLLICITÉS : adducteur

›››

››› GLISSÉS-TRACTÉS JAMBES

E • **ASSIS** au sol, une jambe tendue et pivotée vers l'intérieur. Placez le rouleau à l'extérieur et légèrement au-dessus du genou. Saisissez les deux extrémités du rouleau puis faites-le légèrement pivoter pour « crocheter » les fascias puis faites glisser doucement. Revenez au point de départ et recommencez. Variez également les angles de travail.

MUSCLES SOLLICITÉS : tenseur du fascia lata

F • **ASSIS** au sol, le dos en contact avec un mur et une jambe pliée. Posez le rouleau sous le genou. Saisissez les deux extrémités du rouleau puis faites-le légèrement pivoter pour « crocheter » les fascias puis faites glisser doucement vers le bassin. Revenez au point de départ et recommencez. Variez également les angles de travail.

MUSCLES SOLLICITÉS : ischio-jambiers

G • **ASSIS** au sol, le dos en contact avec un mur et les deux jambes pliées et ouverte latéralement. Posez le rouleau au-dessus du genou et à l'intérieur. Saisissez les deux extrémités du rouleau puis faites-le légèrement pivoter pour « crocheter » les fascias puis faites glisser doucement vers la hanche. Revenez au point de départ et recommencez. Variez également les angles de travail.

MUSCLES SOLLICITÉS : adducteur

H • **UN GENOU AU SOL**, placez le rouleau sur le côté externe de votre hanche. Assis au sol, le dos en contact avec un mur et une jambe pliée. Posez le rouleau au-dessus du genou. Saisissez les deux extrémités du rouleau puis faites-le légèrement pivoter pour « crocheter » les fascias puis faites glisser doucement. Revenez au point de départ et recommencez. Variez également les angles de travail.

MUSCLES SOLLICITÉS : tenseur du fascia lata

›››

››› GLISSÉS-TRACTÉS JAMBES

- **DEBOUT,** posez le rouleau en haut du bassin à la naissance des fessiers. Saisissez les deux extrémités du rouleau puis faites-le légèrement pivoter pour « crocheter » les fascias puis faites glisser doucement vers le bas de la fesse. Revenez au point de départ et recommencez. Variez également les angles de travail.

  MUSCLES SOLLICITÉS : grand fessier

››› GLISSÉS-TRACTÉS DOS

A • **ALLONGÉ** sur le dos, ramenez les genoux vers la poitrine en prenant appui sur le haut des épaules, puis posez le rouleau le plus haut possible dans le dos. Saisissez les deux extrémités du rouleau puis faites-le légèrement pivoter pour « crocheter » les fascias puis faites glisser doucement vers les fesses. Revenez au point de départ et recommencez. Variez également les angles de travail.

MUSCLES SOLLICITÉS : ceux de la masse lombaire

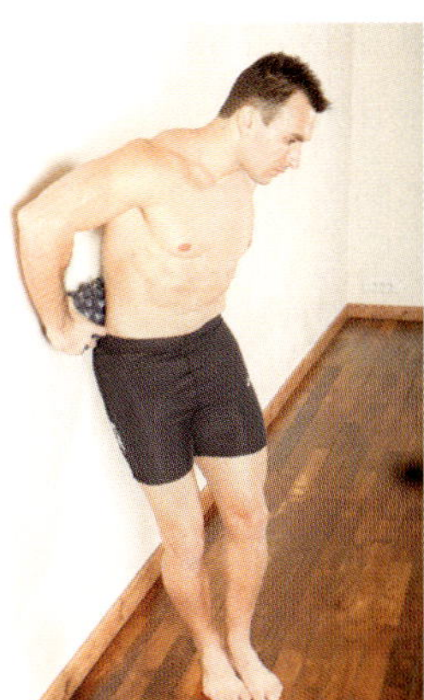

B • **AU MUR**, placez-vous légèrement de profil le rouleau au niveau au niveau des côtes flottantes. Pivotez le corps légèrement puis inclinez-le vers l'avant. Saisissez les deux extrémités du rouleau puis faites-le légèrement pivoter pour « crocheter » les fascias puis faites glisser doucement vers les fesses. Revenez au point de départ et recommencez. Variez également les angles de travail.

MUSCLES SOLLICITÉS : carré des lombes

›››

››› GLISSÉS-TRACTÉS DOS

C • **APPUYÉ** au mur de profil, le bras côté mur en extension, placez le rouleau au niveau de vos côtes. Saisissez les deux extrémités du rouleau puis faites-le légèrement pivoter pour « crocheter » les fascias puis faites glisser doucement jusqu'à la base du bras en utilisant vos jambes. Peut être exécuté en fléchissant le coude. Peut être réalisé au sol mais reste très douloureux chez beaucoup de gens.

MUSCLES SOLLICITÉS : grand dorsal

››› GLISSÉS-TRACTÉS ÉPAULES ET BRAS

A • **APPUYÉ** au mur de profil, le bras côté mur en extension, placez le rouleau au niveau de votre triceps puis descendre la main derrière la tête. Saisissez les deux extrémités du rouleau puis faites-le légèrement pivoter pour « crocheter » les fascias puis faites glisser doucement du coude jusqu'à la base du bras en utilisant vos jambes. Peut être réalisé au sol mais reste très douloureux chez beaucoup de gens. Variez les angles.

MUSCLES SOLLICITÉS : triceps

››› GLISSÉS-TRACTÉS ÉPAULES ET BRAS

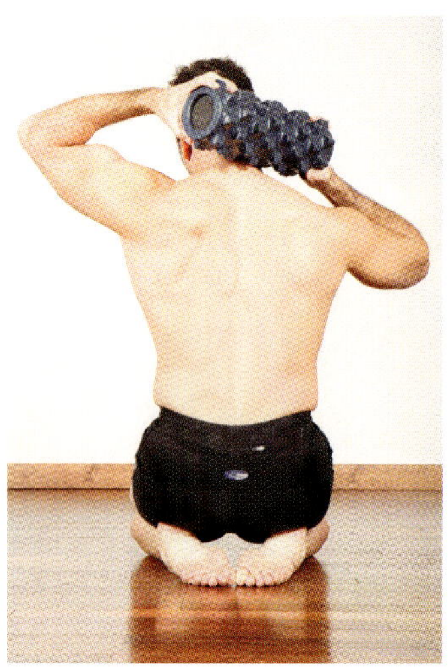

B • **ASSIS** à genoux au sol ou sur une chaise, placez le rouleau derrière la nuque et désaxé. Saisissez une extrémité du rouleau en passant la main derrière la tête et l'autre extrémité à côté du cou, puis faites-le légèrement pivoter pour « crocheter » les fascias puis faites glisser doucement de la base du crâne vers la jonction de votre épaule et de votre cou.

MUSCLES SOLLICITÉS : trapèze et angulaire

C • **ASSIS** à genoux au sol ou sur une chaise, placez le rouleau derrière la nuque. Saisissez les extrémités du rouleau en passant les mains derrière la tête, faites-le légèrement pivoter pour « crocheter » les fascias puis faites glisser doucement de la base du crâne vers la jonction de la nuque et du haut du dos.

MUSCLES SOLLICITÉS : muscles profonds de la nuque

›››

››› GLISSÉS-TRACTÉS ÉPAULES ET BRAS

D • **ASSIS** à genoux au sol ou sur une chaise, placez le rouleau sur le côté de la poitrine et de l'épaule. Saisissez les deux extrémités du rouleau, faites-le légèrement pivoter pour « crocheter » les fascias puis faites glisser doucement de l'épaule vers le centre de la poitrine en variant les angles.

MUSCLES SOLLICITÉS : muscles pectoraux

E • **ASSIS** à genoux au sol ou sur une chaise, placez le rouleau sur ou entre vos genoux, en fonction des zones de l'avant-bras à masser. Saisissez les deux extrémités du rouleau puis faites-le légèrement pivoter pour « crocheter » les fascias puis faites glisser doucement l'avant bras en variant les angles.

MUSCLES SOLLICITÉS : ceux de l'avant-bras

››› JAMBES/HANCHES/BAS DU DOS

A • ALLONGÉ sur le dos une jambe pliée, passez la bande par dessus le genou puis placez-la au niveau de la hanche. Reculez suffisamment pour sentir que la bande tire votre cuisse vers l'avant. Faites un mouvement avec les genoux de droite à gauche.

ZONES MOBILISÉES : bassin, colonne

B • ALLONGÉ sur le dos une jambe pliée, passez la bande par dessus le genou puis placez-la au niveau de la hanche. Reculez suffisamment pour sentir que la bande tire votre cuisse vers l'avant. Faites un mouvement avec la hanche de flexion en ramenant le plus possible le genou vers la poitrine sans bouger votre bassin.

ZONES MOBILISÉES : hanche

C • **À QUATRE PATTES**, placez la bande bien tendue au niveau d'une hanche. Tendez l'autre jambe vers l'arrière et mobilisez la hanche fléchie de droite à gauche. Puis positionnez la hanche en rotation interne et mobilisez-la de droite à gauche. Idem avec la hanche positionnée en rotation externe. Vous pouvez également exercer une traction latérale de la hanche en la plaçant perpendiculairement à vous.

ZONES MOBILISÉES : hanche

›››

››› JAMBES/HANCHES/BAS DU DOS

D • **ALLONGÉ** sur le dos, bande à une hanche et genou ramené vers la poitrine. Tendez lentement la jambe puis relâchez-la (comme un coup de pied de face mais doucement).

ZONES MOBILISÉES : hanche, ischio-jambiers

E • **DEBOUT,** placez la bande à une hanche et avancez pour mettre suffisamment de tension. Fléchissez la jambe de soutien où se trouve la bande, puis fléchissez le corps pour toucher le sol avec vos doigts. Fléchissez et tendez la jambe (ce que vous pouvez) dans cette position doucement.

ZONES MOBILISÉES : hanche, ischio-jambiers

F • **DEBOUT,** bande à une hanche, avec traction arrière. Descendez un genou au sol et résistez à la traction de la bande en contractant la fesse où se trouve la bande. Idem avec la bande qui tracte vers l'avant. Dans les deux positions vous pouvez vous pencher latéralement pour augmenter la mobilisation. Vous pouvez également placer la bande perpendiculairement à votre hanche et mobiliser d'avant en arrière.

ZONES MOBILISÉES : hanche, fléchisseurs de hanche, tenseur du fascia lata

››› CHEVILLES

A • UN GENOU AU SOL, placez le pied opposé à côté du genou au sol avec la bande à la cheville qui tracte vers l'arrière. Tout en gardant le talon au sol, mobilisez la cheville en exerçant une pression avec le poids de votre corps. Point important : le genou de la cheville qui est mobilisée doit rester au-dessus voire légèrement vers l'extérieur. Vous devez également mobiliser la cheville mais avec la bande qui tracte vers l'avant.

ZONES MOBILISÉES : cheville

››› ÉPAULES/COU

A • **ALLONGÉ** sur le dos les jambes fléchies en ayant au préalable saisi la bande d'une main et en étant sous tension, tirez doucement votre omoplate vers le bas puis orientez votre coude vers l'intérieur avec l'aide de l'autre main. Mobilisez le bras en grande amplitude en gardant les éléments ci-dessus.

ZONES MOBILISÉES : épaule

B • **À QUATRE PATTES**, placez la bande perpendiculairement par rapport à l'épaule, en la mettant sous l'aisselle. Positionnez la main de soutien, les doigts vers votre bassin et prenez appui dessus. Cherchez à mobiliser le torse vers le bas en maintenant l'épaule stable.

ZONES MOBILISÉES : épaule

›››

››› ÉPAULES/COU

C • **DEBOUT,** saisissez la bande derrière la tête, le corps perpendiculaire à la bande. En maintenant le coude en place, mobilisez le torse dans le sens opposé à la traction.

ZONES MOBILISÉES : épaule

D • **DEBOUT,** positionnez la bande autour de l'épaule, avec une traction dans le dos et légèrement perpendiculaire au corps. Mobilisez la tête doucement en l'inclinant doucement latéralement et vers le haut, puis latéralement et vers le bas.

ZONES MOBILISÉES : épaule, cervicales

E • **DEBOUT,** saisissez la bande dans le dos avec une main, le corps perpendiculaire à elle. Mobilisez lentement la tête en la pivotant de 45 degrés et en fléchissant vers l'avant.

ZONES MOBILISÉES : épaule, cervicales

F • **DEBOUT** saisissez la bande et puis pivotez le corps dans le sens opposé à la traction tout en maintenant (tirant) l'épaule dans sa structure (ne pas laisser l'épaule « glisser » dans le sens de l'élastique). Inclinez la tête vers l'avant et à 45 degrés à l'opposé du sens de la traction.

ZONES MOBILISÉES : épaule, cervicales

››› COU/BRAS

A • **PRENEZ** une bande tension faible (rouge dans la classification du CTS). Prenez une serviette et enroulez-la autour de la bande. Allongez-vous au sol, puis placez la bande au niveau des cervicales. Testez doucement les étages qui vous paraissent raides en tirant dessus. Une fois un étage plus raide que les autres identifié, placez la bande à ce niveau, poussez les mains dans la bande pour soulever votre tête et la mobiliser d'avant en arrière (flexion-extension).

ZONES MOBILISÉES : cervicales

B • **PRENEZ** une bande tension faible (rouge dans la classification du CTS). Prenez une serviette et enroulez-la autour de la bande. Allongez-vous au sol, puis placez la bande au niveau des cervicales. Testez doucement les étages qui vous paraissent raides en tournant la tête doucement de droite à gauche (sans la traction de la bande). Une fois un étage plus raide que les autres identifié, placez la bande à ce niveau, tendez un bras avec la bande à la verticale, et tendez l'autre bras latéralement au sol. Mobilisez doucement la tête en la tournant contre la bande placée à la verticale.

ZONES MOBILISÉES : cervicales

C • **PRENEZ** une bande tension faible (rouge dans la classification du CTS). Prenez une serviette et enroulez-la autour de la bande. Allongez-vous au sol, puis placez la bande au niveau des cervicales et du torse (fin de nuque et début d'épaules). Poussez les mains vers l'avant dans la bande pour soulever votre tête et la mobiliser d'avant en arrière doucement.

ZONES MOBILISÉES : jonction cervico-thoracique

›››

››› COU/BRAS

D • **À QUATRE PATTES**, placez la bande au niveau du coude d'abord en traction avant. Positionnez la main de soutien en appui sur la paume, les doigts vers votre bassin et prendre appui dessus. Cherchez à mobiliser le coude en extension (bien le tendre). Reproduisez l'opération en plaçant votre main en appui sur le dessus de la main et mobilisez le coude.

ZONES MOBILISÉES : coude

››› CIRCUIT 1 (- de 2 min)

A • **DEBOUT,** mobilisez doucement la tête de droite à gauche 6 fois, puis de haut en bas 6 fois, puis en l'inclinant latéralement de droite à gauche 6 fois.

›››

››› CIRCUIT 1 [- de 2 min]

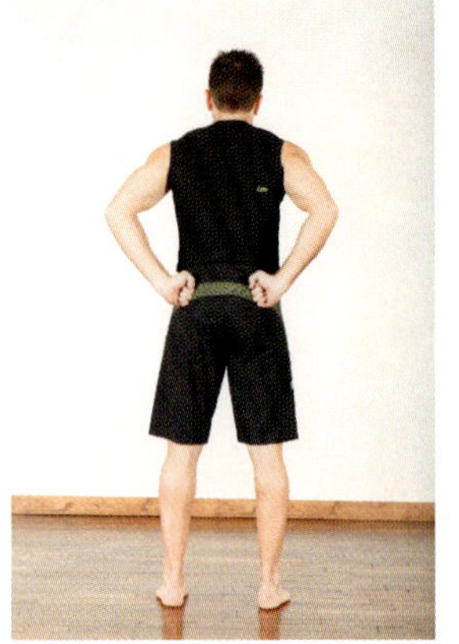

B • **POSITIONNEZ** vos poings dans le bas du dos et mobilisez vos coudes vers l'arrière 6 fois. Enchaînez en faisant des cercles arrières avec vos épaules 6 fois, les paumes de main tournées vers l'avant, les pouces vers l'extérieur. Inclinez-vous latéralement en gardant l'ensemble du corps dans l'axe 6 fois [3 de chaque côté].

C • **PIVOTEZ** vos hanches en cherchant à vous autograndir 3 fois dans une sens et 3 fois dans l'autre.

D • **FLÉCHISSEZ** vos genoux en gardant le bas du dos légèrement cambré puis pivotez vos genoux 3 fois dans un sens et 3 fois dans l'autre.

››› CIRCUIT 2 [- de 1 min]

A • **À EFFECTUER** le plus possible dans la journée, idéalement toutes les heures. Debout, contractez fortement vos muscles fessiers tout en montant vos bras lentement vers le plafond ou le ciel. Poussez virtuellement le ciel avec vos mains, tout en inspirant par la poitrine. Maintenez votre respiration quelques secondes puis descendez vos bras et les faites-les pivoter [vos pouces vers l'arrière] et recommencez la séquence 3 ou 4 fois. Cet exercice est fondamental car il permet de rétablir une pression plus naturelle et adéquate au niveau de chaque disque intervertébral placé, lors de la position assise, en compression avant. S'il est mal vu sur votre lieu de travail de vous lever, profitez de vos appels téléphoniques pour discuter debout ou des « pauses pipi » que, j'ose l'espérer, vous avez le droit de prendre.

››› CIRCUIT 3 (- de 1 min)

A • PENSEZ à vous redresser en étant assis. Imaginez que quelqu'un vous tire délicatement les cheveux vers le ciel. Tirez vos épaules vers l'arrière et vers le bas. Si vous conduisez beaucoup ou longtemps, essayez de tirer et de maintenir les épaules vers l'arrière et vers le bas le plus souvent possible.

B • CROISEZ une jambe sur l'autre régulièrement ou même croisez vos deux jambes en tailleur. Puis faites le dos rond et le dos creux 3 ou 4 fois.

››› CIRCUIT 4 (- de 1 min)

A • **ÉTIREZ** les muscles de la poitrine, biceps et avant-bras ainsi que les muscles oculaires et mobilisez le cou et le thorax. Assis ou debout, pensez à vous « autograndir ». Commencez par tendre et ouvrir les bras latéralement à hauteur de la tête et vers l'arrière. Tout en gardant les bras bien tendus, pivotez la paume de la main droite vers le ciel et tournez votre tête à droite. Restez 2 secondes en position et inversez la posture. N'oubliez pas de penser à vous « autograndir » pendant tout le mouvement. Vous pouvez encore accentuer la sensation d'étirement en tirant le bout des doigts vers le bas. Effectuez 10 mobilisations à droite et à gauche.

››› CIRCUIT 5 (- de 5 min)

A • **DEBOUT,** posez un pied sur votre chaise (bloquez-la si elle roule), poussez votre bassin vers l'avant en fléchissant bien le genou de la jambe sur la chaise. Le genou de la jambe avant ne doit pas dépasser les orteils de votre pied. Veillez à vous « autograndir » en permanence et pivotez en direction de la jambe sur la chaise. Maintenez la position en respirant profondément pendant 15 secondes.Remontez et changez de jambe.

B • **DEBOUT,** montez une jambe tendue sur une chaise. Maintenez le bassin et le pied de soutien orienté vers l'avant. Ramenez les orteils et le pied de la jambe en l'air vers vous. Cherchez à vous « autograndir » en fléchissant au niveau de la hanche pour ressentir l'étirement. Maintenez chaque étirement à droite et à gauche pendant 15 sec en respirant profondément.

›››

››› CIRCUIT 5 (- de 5 min)

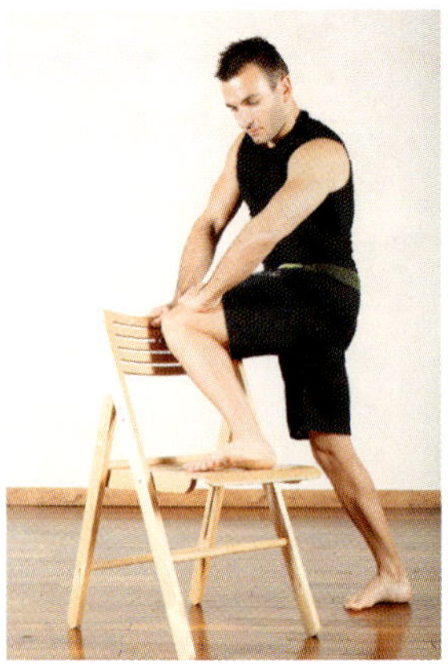

C • **DEBOUT,** posez un pied sur votre chaise (bloquez-la si elle roule), poussez votre bassin vers l'avant en fléchissant bien le genou de la jambe sur la chaise. Le genou de la jambe avant ne doit pas dépasser les orteils de votre pied. Veillez à vous « autograndir » en permanence et ouvrez la hanche latéralement pendant 15 secondes en respirant profondément puis amenez votre genou doucement vers l'intérieur pendant 15 secondes. Puis changez de jambe.

D • **FLÉCHISSEZ** le corps en deux et posez un bras tendu contre le haut de la chaise, l'autre main sert d'appui sur la chaise. Basculez vos fesses l'arrière pendant 15 secondes pour étirez le grand dorsal puis changez de côté.

E • **DEBOUT** posez le coup de pied et le tibia sur le dossier de votre chaise puis cherchez à vous autograndir pour étirer les quadriceps pendant 15 secondes puis changez de jambe.

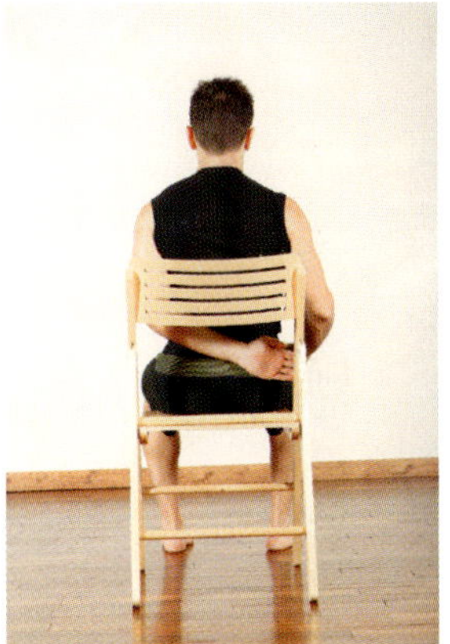

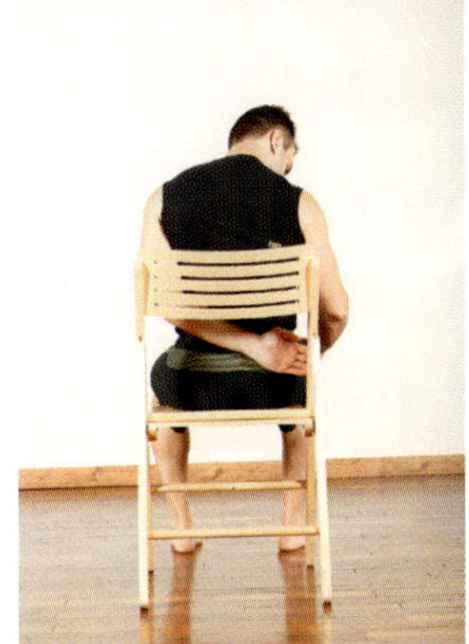

F • **ASSIS** au bord de votre chaise, prenez appui avec une seule sur le dossier et chercher doucement à redresser pour étirer le biceps, les muscles de la poitrine pendant 15 secondes, puis changez de côté. Toujours assis placez votre bras dans le dos puis inclinez doucement la tête vers l'avant et à 45 degrés pendant 15 secondes pour étirer les muscles du cou. Puis changez de côté.

››› POSTURE 1 PROGRAMME COURT

A • DEBOUT, accrochez l'élastique à une poignée de porte ou avec votre morceau de sangle dans le coin de la porte. Rentrez dans la boucle formée et placez l'élastique dans la région lombaire. Reculez jusqu'à entraîner le bas du dos vers l'avant. Luttez contre l'excès de cambrure en cherchant à vous autograndir puis levez les bras au ciel. Baissez vos bras, laissez les lombaires et le bassin se cambrer puis recommencez toute la séquence. Le tempo de l'exercice est de 6 secondes : 3 secondes pour corriger le bassin et monter les bras et 3 secondes pour redescendre.

B • **DEBOUT,** accrochez l'élastique à une poignée de porte ou avec votre morceau de sangle dans le coin de la porte. Rentrez dans la boucle formée et placez l'élastique devant votre bassin. Avancez jusqu'à ce que le bas du dos soit entraîné vers l'avant et le bassin basculé vers l'avant (hyperlordose). Luttez contre l'excès de cambrure en cherchant à vous autograndir puis levez les bras au ciel. Baissez vos bras, laissez les lombaires et le bassin se cambrer puis recommencez toute la séquence. Le tempo de l'exercice est de 6 secondes : 3 secondes pour corriger le bassin et monter les bras et 3 secondes pour redescendre.

›››

››› POSTURE 1 PROGRAMME COURT

C • **DEBOUT,** accrochez l'élastique, rentrez dans la boucle formée et placez l'élastique dans la région lombaire. Reculez jusqu'à entraîner le bas du dos vers l'avant. Luttez contre l'excès de cambrure en cherchant à vous autograndir puis tendez une jambe vers l'arrière et levez les bras au ciel. Baissez les bras, ramenez la jambe, laissez les lombaires et le bassin se cambrer puis recommencez toute la séquence de l'autre côté. Le tempo de l'exercice est de 6 secondes : 3 secondes pour corriger le bassin et monter les bras et 3 secondes pour redescendre.

D • **DEBOUT,** accrochez l'élastique à une poignée de porte ou avec votre morceau de sangle dans le coin de la porte. Rentrez dans la boucle formée et placez l'élastique devant votre bassin. Avancez jusqu'à ce que le bas du dos soit entraîné vers l'avant et votre bassin basculé vers l'avant (hyperlordose). Luttez contre l'excès de cambrure en cherchant à vous autograndir puis tendez une jambe vers l'avant et laissez-la aller vers l'arrière et levez les bras au ciel. Baissez vos bras, ramenez la jambe, laissez les lombaires et le bassin se cambrer puis recommencez toute la séquence de l'autre côté. Le tempo de l'exercice est de 6 secondes : 3 secondes pour corriger le bassin et monter les bras et 3 secondes pour redescendre.

›››

››› POSTURE 1 PROGRAMME COURT

E • **DEBOUT,** accrochez l'élastique à une poignée de porte ou avec votre morceau de sangle dans le coin de la porte. Placez l'élastique sur la jambe ou le pied qui s'ouvre vers l'extérieur, perpendiculairement par rapport au corps au-dessus du genou et tenez-le par l'arrière de la cuisse avec votre main. Luttez contre l'excès de rotation en cherchant à vous autograndir puis pivotez la jambe vers l'intérieur puis levez le bras opposé en diagonale. Baissez le bras, ramenez la jambe puis recommencez tout. Le tempo de l'exercice est de 6 secondes : 3 secondes pour corriger le bassin et monter le bras et 3 secondes pour redescendre. Faites éventuellement l'autre jambe si vos deux pieds pivotent exagérément vers l'extérieur.

COMBIEN

- 1 série de 10 répétitions (soit 1 minute) ou 5 répétitions lorsque vous n'avez pas le temps (soit 30 secondes) pour les exercices A, B et E.
- 1 série de 12 répétitions (soit 1 minute 15 secondes) ou 6 répétitions (3 de chaque côté) lorsque vous n'avez pas le temps (soit 40 secondes) pour les exercices C et D.

QUAND

- 2 à 4 fois par jour

OBJECTIF

- Les exercices A, B, C et D visent à activer les muscles de la sangle abdominale ou des fessiers pour contrôler l'excès de lordose induit par l'élastique. Ils visent également une fois le bassin en position plus neutre à contrôler la lordose lors de l'extension des bras en l'air.
- L'exercice E vise à activer les muscles impliqués dans les schémas de rotation. Il est fréquent d'observer une épaule qui pivote plus vers l'intérieur que l'autre et le pied opposé qui pivote plus vers l'extérieur que l'autre.

››› POSTURE 1 PROGRAMME LONG

A • **ALLONGÉ** sur le dos, les jambes pliées et posées sur un support, placez les bras à hauteur des épaules. Pliez les coudes afin d'avoir les mains dirigées vers le ciel, la paume des mains étant orientée vers l'avant. Poussez les coudes dans le sol pendant 2 secondes et relâchez. Ce mouvement forcera les omoplates à se rapprocher l'une de l'autre.

PRÉCAUTIONS

• **Si vous ressentez des douleurs dans la nuque, positionnez vos bras plus près du corps.**

COMBIEN

• **2 séries de 10 répétitions. Entre chaque série, prenez 15 secondes de récupération avant de recommencer.**

OBJECTIF

• **Cet exercice vise à activer les muscles entre les omoplates et ceux du milieu et du haut du dos. Il favorise le repositionnement des omoplates dans une position anatomique correcte.**

B • **ALLONGÉ** sur le dos, les jambes pliées et posées sur un support, positionnez le rouleau derrière votre tête. Montez et rapprochez les coudes l'un de l'autre, puis posez vos paumes sur le rouleau. Abaissez vos omoplates vers le bas du dos sans forcer. Sans bouger les coudes, poussez le rouleau dans le sol et derrière vous en l'éloignant de votre tête pendant une à deux secondes. Relâchez et recommencez. Si vous ne parvenez pas à bouger, travaillez de manière statique. Vous sentirez les muscles autour des omoplates travailler ainsi qu'une augmentation progressive de la tension dans le dos. Vous sentirez également un travail musculaire et/ou une sensation d'étirement au niveau des épaules. Si cette sensation est douloureuse, posez le rouleau sur un gros livre derrière vous.

COMBIEN

• **2 séries de 10 répétitions. Prenez 20 secondes de récupération entre chaque série.**

OBJECTIF

• **L'exercice renforce les muscles du haut du dos tout en étirant les muscles grands dorsaux.**

›››

››› POSTURE 1 PROGRAMME LONG

C • **À QUATRE PATTES**, le regard vers le sol et la tête dans l'alignement de la colonne, maintenez une légère cambrure dans le bas du dos. Relâchez le ventre tout en maintenant la légère cambrure dans le bas du dos. Aspirez le nombril vers la colonne vertébrale tout en contractant simultanément les muscles du périnée (comme si vous vouliez arrêter d'uriner). Puis expirez (soufflez) 3 secondes en maintenant la contraction. Vous devez ressentir les muscles profonds de l'abdomen et du pubis travailler. Le bassin et la colonne ne doivent pas bouger. Vous devez ressentir une sensation de gaine et de chaleur tout autour du ventre et à l'intérieur du bassin.

COMBIEN

• **10 répétitions en maintenant les contractions 3 secondes (augmentez progressivement le temps de maintien au fil des semaines).**

OBJECTIF

• **Cet exercice vise à recruter les muscles profonds de l'abdomen qui stabilisent la colonne vertébrale. Ces muscles sont très souvent amnésiques, les personnes concernées utilisant des muscles plus superficiels de l'abdomen.**

D • **À GENOUX**, en appui sur le dessus des pieds, placez un pied à côté d'un genou. Posez les deux mains vers l'arrière. Contractez la fesse de la jambe dont le genou est au sol pour monter le bassin. Simultanément, ouvrez le torse en tendant les deux bras. Vous devriez sentir un étirement des muscles devant la cuisse, de l'ensemble du torse, des deux épaules et des muscles des bras. Maintenez la contraction de la fesse pendant toute la durée de la posture. Changez ensuite de jambe. N'oubliez pas de respirer.

COMBIEN

• Tenez 2 fois une posture de 20 secondes pour chaque jambe en alternant et sans prendre de repos.

OBJECTIF

• Cet exercice étire les muscles antérieurs des cuisses tout en favorisant une reprogrammation des muscles fessiers. Il permet aussi un étirement de l'ensemble du torse et des chaînes musculaires antérieures qui ont une forte propension à perdre leur souplesse. Il redonne de la mobilité au niveau de la cheville.

›››

››› POSTURE 1 PROGRAMME LONG

E • **ALLONGÉ** sur le dos, les jambes fléchies et les talons vers les fesses (ou le plus près possible), coincez le rouleau entre les genoux. Le dessus des mains à côté des chevilles, appuyez vos bras tendus contre le sol et montez le bassin le plus haut possible en contractant les fesses (imaginez que vous voulez casser des noix coincées entre vos fesses !). Maintenez la position pendant 3 secondes, relâchez et recommencez. Vous devez ressentir une sensation d'étirement dans les muscles devant les cuisses et une contraction des muscles adducteurs et fessiers ainsi qu'autour de l'épaule et dans les bras. Si vous ressentez trop votre dos ou qu'il devient douloureux c'est que vous compensez par une utilisation trop importante de vos muscles paravertébraux. Dans ce cas, relâchez légèrement la position et concentrez-vous sur la contraction des fesses.

COMBIEN

- **10 répétitions de 3 secondes.**

OBJECTIF

- **Cet exercice favorise la reprogrammation de la position du bassin afin qu'elle soit plus neutre.**

F • **ALLONGÉ** sur le dos, les pieds au sol et les jambes fléchies, croisez la jambe gauche par dessus l'autre en posant le bord externe de la cheville sur le genou.

Ramenez le genou de la jambe gauche vers vous. Maintenez le genou avec une main. Gardez la position pendant 30 secondes de façon statique. Vous devez ressentir un étirement profond des muscles de la fesse. Il est important de garder votre bassin de face car la hanche droite aura tendance à bouger pour limiter l'étirement.

Plus l'angle de flexion sera important, plus l'étirement sera prononcé. N'oubliez pas de vous relaxer et de bien respirer.

COMBIEN

• **Restez en position de 30 secondes pour chaque jambe.**

OBJECTIF

• **Cet exercice est important car les muscles fessiers, dans ce type de posture, sont raides à cause d'un excès de nœuds musculaires, d'adhérences et de *trigger points*. Rappelez-vous que les muscles fessiers sont en position d'étirement et de compression toute la journée ou presque (pour ceux qui travaillent ou restent assis).**

››› POSTURE 1 PROGRAMME LONG

G • **DOS AU MUR**, avancez lentement les pieds afin de descendre progressivement les fesses vers le bas, comme si vous vous asseyiez sur une chaise haute. Pressez le bas du dos contre le mur. Montez vos coudes à hauteur des épaules, les bras fléchis à 90° et les paumes des mains dirigées vers le bas. Essayez de toucher le mur en appuyant vos bras, avant-bras, poignets et mains contre lui. Gardez vos omoplates basses. Ne laissez pas le bas du dos se décoller du mur et utilisez vos muscles abdominaux pour le maintenir en place.

Moins vous fléchissez vos jambes et plus l'exercice est difficile (au niveau de la posture globale).

COMBIEN

• **Effectuez 15 répétitions. À la fin de l'exercice, marchez quelques secondes afin de faire circuler le sang puis recommencer pour une autre série.**

OBJECTIF

• **Cet exercice renforce les muscles posturaux du haut de votre dos, des abdominaux et des quadriceps, forçant ainsi les muscles du bas du dos à se désengager. Le fait de placer les mains à plat contre le mur force vos abdominaux à travailler plus dur et aide le cerveau à reprogrammer un schéma moteur et une posture de la colonne moins en « S ».**

H • **À GENOUX**, placez le pied droit loin devant vous de façon à ce que la jambe droite soit pliée à environ 90°. Vous devez ressentir un étirement au niveau de la hanche de la jambe gauche. Afin d'étirer une chaîne globale, tendez votre bras gauche le plus loin possible vers le haut en essayant de vous grandir pour « attraper le ciel » puis inclinez-vous latéralement vers la droite. Vous devriez ressentir l'étirement au niveau de la hanche gauche, du quadriceps et des muscles dorsaux. Maintenez la position en respirant de façon lente et ample. Travaillez les deux jambes.

PRÉCAUTIONS

- **Si vous avez du mal à maintenir votre équilibre, vous pouvez vous tenir avec la main droite à une chaise ou contre un mur.**

COMBIEN

- **Restez en position de 30 secondes puis changez de côté.**

OBJECTIF

- **Cet exercice favorise le repositionnement du bassin dans une position plus neutre. Il s'adresse plus particulièrement au muscle fléchisseur profond de la hanche, le psoas iliaque. L'« autograndissement » active la contraction des muscles profonds de l'abdomen qui stabilisent le bassin et la colonne. Les bras en l'air favorisent l'étirement des grands dorsaux qui, lorsqu'ils sont trop courts, augmentent la cambrure.**

›››

››› POSTURE 1 PROGRAMME LONG

• **DEBOUT,** un élastique dans les mains tenu avec une bonne ouverture, montez les bras tendus au-dessus la tête et, progressivement, descendez derrière. Si vous n'y arrivez pas, écartez un peu plus les mains vers l'extérieur de l'élastique. Arrêtez-vous lorsque la sensation d'étirement est importante. Recommencez en remontant de bas en haut. Cherchez à vous « autograndir » pendant tout l'exercice et à maintenir votre bassin vers l'avant. En effet, le corps aura naturellement tendance à cambrer au niveau de la région lombaire afin de limiter la sensation d'étirement du torse.

COMBIEN

• **Restez en position 20 secondes sur chaque posture (départ du haut et départ du bas) et recommencez deux fois.**

OBJECTIF

• **Cette posture est très importante pour étirer les muscles du torse et des bras. L'élastique permet de mettre en légère tension les muscles fixateurs des omoplates favorisant ainsi un peu le relâchement des muscles du torse (inhibition réciproque). À noter que l'étirement doit progressivement diminuer. S'il augmente, c'est que la tension est trop importante.**

J • **FACE À UN MUR**, les pieds à environ 1 mètre (plus ou moins en fonction de votre taille) du mur, serrez le rouleau entre les genoux et gardez les pieds presque collés et parallèles. Posez les mains sur le mur en face de vous en essayant de plier votre corps en deux au niveau du bassin. Poussez le mur avec les mains tout en essayant de garder la région lombaire cambrée (dans cette position c'est difficile donc pas de danger). Vous devriez ressentir un étirement sur le grand dorsal, le bas du dos et l'arrière des cuisses.

COMBIEN

• **Maintenez la posture de 30 secondes, relâchez quelques secondes et recommencez une fois.**

OBJECTIF

• **Cette posture vise à étirer simultanément l'ensemble de la chaîne postérieure du corps et les grands dorsaux (les muscles du dos qui forment le V des athlètes). Dans ce profil postural la souplesse de cette chaîne musculaire est moins importante que celle de la chaîne musculaire antérieure. Votre attention doit vraiment être focalisée sur le repositionnement plus à l'horizontal du bassin.**

››› POSTURE 1 RÉCAPITULATIF PROGRAMME COURT

››› POSTURE 1 RÉCAPITULATIF PROGRAMME LONG

››› POSTURE 2 PROGRAMME COURT

A • **DEBOUT** accrochez l'élastique à une poignée de porte ou avec votre morceau de sangle dans le coin de la porte. Rentrez dans la boucle formée et placez l'élastique sous les fesses. Reculez jusqu'à entraîner votre bassin vers l'avant. Luttez contre l'excès de déplacement en cherchant à vous autograndir, cambrez-vous (sans forcer) en poussant les fesses vers l'arrière puis levez les bras au ciel. Baissez vos bras, laissez le bassin se déplacer vers l'avant puis recommencez toute la séquence. Le tempo de l'exercice est de 6 secondes : 3 secondes pour corriger le bassin et monter les bras et 3 secondes pour redescendre.

COMBIEN

• **Effectuez une série de 10 répétitions (soit 1 minute) ou 5 répétitions lorsque vous n'avez pas le temps (soit 30 secondes).**

QUAND

• **2 à 4 fois par jour**

OBJECTIF

• **Cet exercice vise à activer les muscles lombaires pour contrôler l'excès de déplacement du bassin vers l'avant induit par l'élastique. Il vise également une fois le bassin en position plus neutre à augmenter la lordose lors de l'extension des bras en l'air.**

B • **DEBOUT,** accrochez l'élastique à une poignée de porte ou avec votre morceau de sangle dans le coin de la porte et tenez-le dans vos mains devant vous ; placez également un élastique court au-dessus des genoux. Reculez pour mettre en tension l'élastique et ouvrez légèrement les cuisses (tout en gardant les pieds parallèles), puis cherchez à toucher le sol avec les poings en longeant les cuisses et en essayant de les tendre au fil des répétitions. Redressez-vous puis recommencez toute la séquence. Le tempo de l'exercice est de 6 secondes : 3 secondes pour descendre et 3 secondes pour remonter.

COMBIEN

• **Effectuez une série de 10 répétitions (soit 1 minute) ou 5 répétitions lorsque vous n'avez pas le temps (soit 30 secondes).**

QUAND

• **2 à 4 fois par jour**

OBJECTIF

• **Cet exercice vise à activer les muscles de la sangle abdominale, les quadriceps et les rotateurs externes de hanche pour relâcher les tensions. Il vise également à favoriser le mouvement général de flexion de la hanche.**

›››

››› POSTURE 2 PROGRAMME COURT

C • **DEBOUT,** accrochez l'élastique à une poignée de porte ou avec votre morceau de sangle dans le coin de la porte. Rentrez dans la boucle formée et placez l'élastique au niveau de la taille puis saisissez avec vos mains deux bords de chaque côté des côtes. Poussez légèrement les poings vers l'avant tout en gardant les épaules basses et les omoplates doucement tirées vers le bas du dos. Avancez jusqu'à sentir vos fessiers se contracter. Marchez sur place avec les jambes tendues (marche russe). Le tempo de l'exercice est de 4 secondes : 2 secondes par jambe.

COMBIEN

- **Effectuez une série de 10 répétitions (soit 1 minute) ou de 5 répétitions lorsque vous n'avez pas le temps (soit 30 secondes).**

QUAND

- **2 à 4 fois par jour**

OBJECTIF

- **Cet exercice vise à activer les muscles stabilisateurs de l'omoplate, les fessiers en appui sur un pied, les fléchisseurs de hanche opposés afin d'améliorer la position du bassin. Il vise également une fois le bassin en position plus neutre à contrôler l'équilibre latéral du bassin lors de la marche.**

››› POSTURE 2 PROGRAMME COURT

D • **DEBOUT** accrochez l'élastique à une poignée de porte ou avec votre morceau de sangle dans le coin de la porte. Rentrez dans la boucle formée et placez l'élastique au niveau du bas du dos. Reculez jusqu'à entraîner votre bassin vers l'avant. Poussez dans l'élastique vers le bas. Luttez contre l'excès de déplacement en cherchant à vous autograndir, cambrez-vous (sans forcer) en poussant les fesses vers l'arrière puis levez un genou en le poussant dans l'élastique. Relâchez puis changez de jambe, puis alternez ainsi. Le tempo de l'exercice est de 4 secondes : 2 secondes pour chaque jambe.

COMBIEN

• **Effectuez une série de 10 répétitions (soit 1 minute) ou de 5 répétitions lorsque vous n'avez pas le temps (soit 30 secondes).**

QUAND

• **2 à 4 fois par jour**

OBJECTIF

• **Cet exercice vise à activer les muscles lombaires et fléchisseurs de hanche pour contrôler l'excès de déplacement du bassin vers l'avant induit par l'élastique. Il vise également une fois le bassin en position plus neutre à augmenter la lordose lors de l'appui sur un pied.**

E. • **DEBOUT** un mini élastique au-dessus des genoux, gardez les pieds parallèles tout en poussant latéralement les genoux vers l'extérieur. En tenant l'élastique comme si vous vouliez tirer à l'arc à 45 degrés vers le haut, tirez le coude et l'omoplate vers le bas et le centre de la colonne tout en maintenant le bras opposé tendu et le regard dans la direction du « tir ». Recommencez toute la séquence de l'autre côté. Le tempo de l'exercice est de 3 secondes : 3 secondes pour pivoter les genoux, « armer », « tirer ».

COMBIEN

• **Effectuez une série de 10 répétitions en alternant droite et gauche (soit 1 minute) ou de 4 répétitions lorsque vous n'avez pas le temps (soit 30 secondes).**

QUAND

• **2 à 4 fois par jour**

OBJECTIF

• **Cet exercice vise à activer les muscles rotateurs externes des hanches ainsi que l'activation des muscles stabilisateurs de l'omoplate.**

››› POSTURE 2 PROGRAMME LONG

A • **ALLONGÉ** sur le dos, les jambes pliées et posées sur un support, placez les bras à hauteur des épaules. Pliez les coudes afin d'avoir les mains dirigées vers le ciel, la paume des mains étant orientée vers l'avant. Poussez les coudes dans le sol pendant 2 secondes et relâchez. Ce mouvement forcera les omoplates à se rapprocher l'une de l'autre.

PRÉCAUTIONS

- **Si vous ressentez des douleurs dans la nuque, positionnez vos bras plus près du corps.**

COMBIEN

- **Effectuez 2 séries de 10 répétitions. Entre chaque série, prenez 15 secondes de récupération avant de recommencer.**

OBJECTIF

- **Cet exercice vise à activer les muscles entre les omoplates et les muscles du milieu et du haut du dos. Il favorise le repositionnement des omoplates dans une position anatomique correcte.**

B • **ALLONGÉ** sur le dos, les jambes fléchies, un coussin coincé entre les genoux, les pieds, les genoux et les hanches doivent être alignés. Les bras sont tendus de chaque côté à hauteur des épaules. Fermez les poings et faites une rotation externe des bras. Maintenez cette position pendant que vous pressez et relâchez le coussin coincé entre les genoux. Vous devez ressentir le travail à l'intérieur des cuisses et du bassin ainsi qu'entre les omoplates.

COMBIEN

• **Faites 10 répétitions, reposez-vous quelques secondes et recommencez une fois.**

OBJECTIF

• **Cet exercice active les muscles adducteurs qui sont très importants dans la stabilisation du bassin et dans la rotation du fémur (l'os de la cuisse) vers l'intérieur, au niveau de l'articulation de la hanche.**

››› POSTURE 2 PROGRAMME LONG

C • **ALLONGÉ** sur le dos, les jambes fléchies, un élastique placé au-dessus des genoux en direction des hanches, les pieds doivent être presque collés, les genoux et les hanches alignés. Les bras sont en appui de chaque côté à hauteur du bassin, les paumes des mains vers le visage. Appuyez les bras dans le sol tout en pivotant les mains vers l'extérieur. Maintenez cette position pendant que vous poussez dans l'élastique au-dessus des genoux et que vous montez le bassin vers le haut. Redescendez lentement puis remontez. Vous devez ressentir le travail au niveau des fesses, des cuisses et du bassin ainsi qu'entre les omoplates et le long du dos.

COMBIEN

• **Faites 10 répétitions, reposez-vous quelques secondes et recommencez une fois.**

OBJECTIF

• **Cet exercice active les muscles abducteurs, qui sont très importants dans la stabilisation du bassin et dans la rotation externe du fémur (l'os de la cuisse) au niveau de l'articulation de la hanche, ainsi que le renforcement des muscles grands fessiers. Il facilite aussi le bon positionnement de l'articulation sacro-iliaque.**

D • **ASSIS** sur une chaise, tenez-vous le plus droit possible et mettez vos mains croisées derrière la tête. Tirez vos coudes vers l'arrière tout en maintenant vos épaules basses. Montez un genou le plus haut possible sans bouger ni fléchir votre colonne. Maintenez le genou en haut 2 secondes, relâchez et changez de jambe. Conservez la position érigée tout au long de l'exercice. Vous devriez ressentir une chaleur profonde au niveau des lombaires, un travail musculaire devant la hanche, le long de votre colonne vertébrale ainsi qu'entre vos omoplates.

COMBIEN

• **Faites 10 répétitions en tout (5 à droite et 5 à gauche), relâchez-vous quelques secondes en vous appuyant sur le dossier de la chaise puis recommencez pour une 2e série.**

OBJECTIF

• **Cet exercice active les muscles profonds fléchisseurs de la hanche (le psoas et le muscle iliaque). Il renforce également l'endurance et la force des muscles stabilisateurs le long de la colonne vertébrale.**

››› POSTURE 2 PROGRAMME LONG

G • **ALLONGÉ** sur le dos avec l'élastique autour du pied droit, tendez les deux jambes. Tenez l'élastique, puis montez de façon active (à l'aide de la force de votre jambe) votre jambe droite tendue en ramenant les orteils et le pied vers vous. Une fois votre limite atteinte, aidez-vous de l'élastique pour tirer doucement pendant 2 secondes. Redescendez la jambe de façon contrôlée puis recommencez. Vous devriez ressentir un étirement de l'arrière de la cuisse, du bas du dos et des mollets. N'oubliez pas de souffler lors de chaque étirement.

COMBIEN

• **10 répétitions droite et gauche.**

OBJECTIF

• **Cet exercice favorise l'étirement actif des muscles postérieurs du bassin et de la cuisse tout en renforçant les muscles fléchisseurs de la hanche, très déficients dans ce type de posture. Il reprogramme le cerveau pour une position correcte du bassin.**

H • **ALLONGÉ** au sol sur le côté droit, les bras devant vous, montez les genoux à 90° devant vous et pressez le rouleau entre les genoux. Sans relâcher la pression du rouleau, pivotez le bras gauche le plus loin possible en accompagnant le mouvement avec votre tête. Laissez la gravité faire descendre votre bras. Soufflez pendant le mouvement et relaxez votre tête et le haut de votre dos (ne relâchez pas la pression du genou sur le coussin). Revenez lentement en position avant de changer de côté.

COMBIEN

• **Effectuez le mouvement de chaque côté en restant 1 minute en position.**

OBJECTIF

• **Cette posture améliore l'habileté de la colonne à bouger de façon indépendante du bassin et des hanches. Le maintien du coussin en place engage les muscles adducteurs qui aident à stabiliser le bassin et la zone lombaire de la colonne. En conséquence, c'est la région thoracique de la colonne qui est la plus mobilisée. C'est aussi elle qui a le plus besoin de cette mobilité ce qui permet, en retour, de diminuer les compensations de la région lombaire.**

›››

››› POSTURE 2 PROGRAMME LONG

I • **TENEZ-VOUS** face à un mur. Éloignez vos pieds du mur et gardez-les parallèles. Prenez appui avec les mains contre le mur. Enroulez le bassin vers l'avant et restez dans cette position. Tirez la pointe de vos orteils vers vous. Vous devriez ressentir un étirement des mollets et une contraction des muscles devant le tibia ainsi que des abdominaux.

COMBIEN

• **Restez en position de 45 secondes à 1 minute.**

OBJECTIF

• **Cette posture permet de reprogrammer un alignement correct de tout le corps en étirant et en contractant différents muscles.**

J • **DOS AU MUR**, avancez lentement vos pieds afin de descendre progressivement les fesses vers le bas comme si vous vous asseyiez sur une chaise. Pressez le bas du dos contre le mur. Montez les avant-bras contre le mur à hauteur des épaules. Glissez le long du mur en appuyant vos bras, avant-bras, poignets et mains contre le mur. Lorsque vous perdez le contact avec le mur revenez dans la position initiale. Ne laissez pas le bas du dos se décoller du mur et utilisez les abdominaux pour le maintenir en place.

COMBIEN

• **Effectuez 10 répétitions. À la fin de l'exercice, marchez quelques secondes afin de faire circuler le sang. Recommencez une fois.**

OBJECTIF

• **Cet exercice renforce les muscles posturaux du haut du dos, des abdominaux et des quadriceps, forçant ainsi les muscles du bas du dos à se désengager. L'exercice est centralisé sur la perte volontaire de souplesse des quadriceps en augmentant leur force, leur tonus et leur endurance. Il aide à rétablir un équilibre au niveau du bassin qui a tendance à être trop projeté vers l'avant.**

››› POSTURE 2 RÉCAPITULATIF PROGRAMME COURT

››› POSTURE 2 RÉCAPITULATIF PROGRAMME LONG

››› POSTURE 3 PROGRAMME COURT

A • **COLLEZ** deux balles de tennis entre elles avec du gros scotch pour en faire un mini-rouleau de massage. Positionnez ce mini-rouleau contre le mur puis prenez appui dessus. Collez le bas du dos au mur, placez vos mains au niveau de la nuque en rapprochant vos coudes. Montez les coudes vers le haut tout en basculant la tête vers l'arrière puis ouvrez les coudes et les épaules latéralement. Mobilisez ainsi chaque étage de la colonne à partir du milieu du dos.

Le tempo de l'exercice est de 5 secondes : 1 seconde pour se placer à un étage vertébral, 1 seconde pour monter les coudes et basculer la tête, 1 seconde pour ouvrir les coudes et les épaules et 2 secondes pour relâcher. Inspirez lors du mouvement d'extension vers l'arrière, et soufflez lors de l'ouverture des coudes et des épaules.

COMBIEN

• **1 série de 10 répétitions (10 étages).**

QUAND

• **2 à 4 fois par jour**

OBJECTIF

• **Cet exercice vise à activer les muscles extenseurs de la colonne, mobiliser en extension la région thoracique, ainsi que l'activation des muscles stabilisateurs de l'omoplate et de l'articulation de l'épaule.**

B • **DEBOUT,** accrochez l'élastique à une poignée de porte ou avec votre morceau de sangle dans le coin de la porte. Rentrez dans la boucle formée et placez l'élastique devant votre bassin. Avancez jusqu'à ce que le bas du dos soit entraîné vers l'avant et votre bassin basculé vers l'avant (hyperlordose). Poussez votre bassin en contractant vos fessiers et cherchez à vous autograndir puis levez les bras au ciel. Forcez doucement l'extension du corps vers l'arrière. Baissez les bras, laissez les lombaires et le bassin se cambrer puis recommencez toute la séquence. Le tempo de l'exercice est de 6 secondes : 3 secondes pour corriger le bassin et monter les bras et 3 secondes pour redescendre.

COMBIEN

• **1 série de 10 répétitions (soit 1 minute) ou 5 répétitions lorsque vous n'avez pas le temps (soit 30 secondes).**

QUAND

• **2 à 4 fois par jour**

OBJECTIF

• **Cet exercice vise à activer les muscles fessiers pour favoriser l'extension des hanches. Il vise également, une fois l'extension des hanches créée, à favoriser l'extension du torse et l'extension des bras en l'air souvent très difficile dans ce type de posture.**

››› POSTURE 3 PROGRAMME COURT

C • **TENEZ-VOUS** face à un mur. Éloignez vos pieds du mur et gardez-les parallèles. Prenez appui avec les coudes contre le mur et poussez dedans. Laissez légèrement votre bassin plonger vers l'avant et restez dans cette position. Tirez la pointe de vos orteils vers vous. Vous devriez ressentir un étirement des mollets et une contraction des muscles devant le tibia ainsi que des abdominaux. Faites glisser un avant-bras le long du mur tout en gardant le corps dans l'axe puis, une fois votre limite de mouvement atteinte, revenez et changez de bras. Alternez ainsi de suite.

COMBIEN

• 1 série de 10 répétitions (5 à droite et 5 à gauche, soit 1 minute) ou de 4 répétitions lorsque vous n'avez pas le temps (soit 30 secondes).

QUAND

• 2 à 4 fois par jour

OBJECTIF

• Cet exercice vise à activer les muscles extenseurs de la colonne, à mobiliser en extension la région thoracique, ainsi que l'activation des muscles stabilisateurs de l'omoplate et de l'articulation de l'épaule.

D • **DEBOUT,** un élastique dans les mains tenu avec une bonne ouverture, montez les bras tendus au-dessus la tête et, progressivement, descendez derrière. Si vous n'y arrivez pas, écartez un peu plus les mains vers l'extérieur de l'élastique. Arrêtez-vous lorsque la sensation d'étirement est importante. Recommencez en remontant de bas en haut. Cherchez à vous « autograndir » pendant tout l'exercice et à maintenir votre bassin vers l'avant. En effet, le corps aura naturellement tendance à cambrer au niveau de la région lombaire afin de limiter la sensation d'étirement du torse.

›››

››› POSTURE 3 PROGRAMME COURT

COMBIEN

• Restez en position 20 secondes sur chaque posture (départ du haut et départ du bas) et recommencez deux fois.

OBJECTIF

• Cette posture est très importante pour étirer les muscles du torse et des bras. L'élastique permet de mettre en légère tension les muscles fixateurs des omoplates favorisant ainsi un peu le relâchement des muscles du torse (inhibition réciproque). À noter que l'étirement doit progressivement diminuer. S'il augmente, c'est que la tension est trop importante.

››› POSTURE 3 PROGRAMME LONG

A • **DEBOUT,** un élastique dans les mains tenu avec une bonne ouverture, montez les bras tendus au-dessus la tête et, progressivement, descendez derrière. Si vous n'y arrivez pas, écartez un peu plus les mains vers l'extérieur de l'élastique. Arrêtez-vous lorsque la sensation d'étirement est importante. Recommencez en remontant de bas en haut. Cherchez à vous « autograndir » pendant tout l'exercice et à maintenir votre bassin vers l'avant. En effet, le corps aura naturellement tendance à cambrer au niveau de la région lombaire afin de limiter la sensation d'étirement du torse.

›››

››› POSTURE 3 PROGRAMME LONG

COMBIEN

• Restez en position 20 secondes sur chaque posture (départ du haut et départ du bas) et recommencez deux fois.

OBJECTIF

• Cette posture est très importante pour étirer les muscles du torse et des bras. L'élastique permet de mettre en légère tension les muscles fixateurs des omoplates favorisant ainsi un peu le relâchement des muscles du torse (inhibition réciproque). À noter que l'étirement doit progressivement diminuer. S'il augmente, c'est que la tension est trop importante.

B • **ALLONGÉ** sur le dos, les pieds au mur et les jambes pliées à 90°, gardez les bras écartés de part et d'autre du corps et détendez le dos ; les pieds doivent être écartés de la largeur de vos hanches. Pivotez les genoux vers l'intérieur pour qu'ils se touchent puis vers l'extérieur. Gardez toujours les pieds en contact avec le mur.

COMBIEN

• **2 séries de 20 répétitions (quelques secondes de récupération entre chaque).**

OBJECTIF

• **Cet exercice permet de créer une dissociation entre le haut et le bas en travaillant au niveau des muscles rotateurs des hanches. Il permet aussi de relâcher les muscles du bassin ce qui facilite une relaxation des muscles du bas du dos.**

››› POSTURE 3 PROGRAMME LONG

C • **ALLONGÉ** sur le dos, les pieds au sol et les jambes fléchies, croisez la jambe gauche par-dessus l'autre en posant le bord externe de la cheville sur le genou.
Ramenez le genou de la jambe gauche vers vous. Maintenez le genou avec une main. Gardez la position pendant 30 secondes de façon statique. Vous devez ressentir un étirement profond des muscles de la fesse. Il est important de garder votre bassin de face car la hanche droite aura tendance à bouger pour limiter l'étirement.
Plus l'angle de flexion sera important, plus l'étirement sera prononcé. N'oubliez pas de vous relaxer et de bien respirer.

COMBIEN

• **Restez en position de 30 secondes pour chaque jambe.**

OBJECTIF

• **Cet exercice est important car les muscles fessiers, dans ce type de posture, sont raides à cause d'un excès de nœuds musculaires, d'adhérences et de trigger points. Rappelez-vous que les muscles fessiers sont en position d'étirement et de compression toute la journée ou presque (pour ceux qui travaillent ou restent assis).**

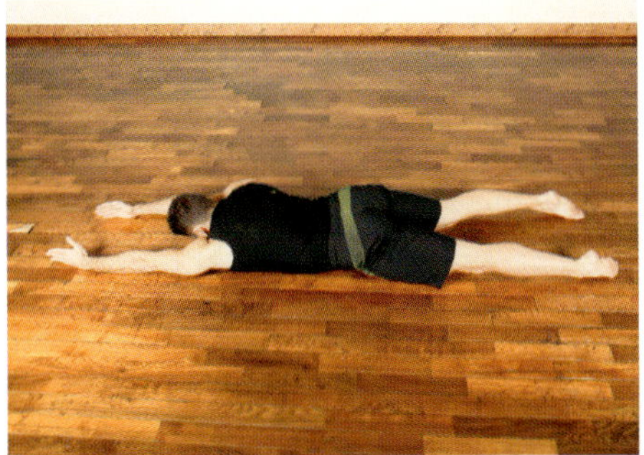

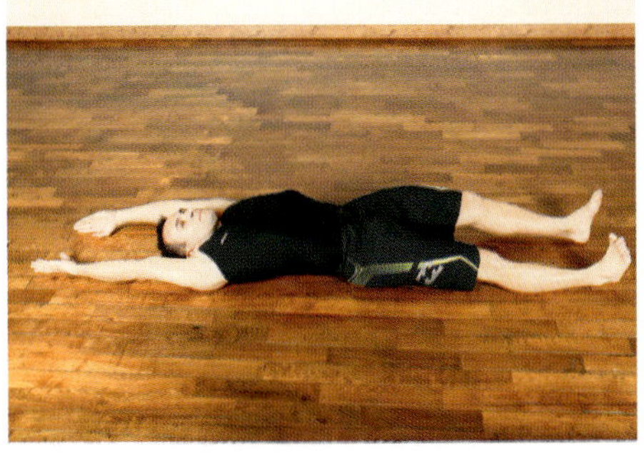

D • **ALLONGÉ** sur le ventre, placez une petite serviette sous le front pour plus de confort. Les bras sont posés devant vous de part et d'autre de la tête. Les jambes ont la même ouverture que la largeur du bassin. À partir de cette position, étirez un bras le plus loin possible en étirant simultanément la jambe opposée (bras droit et jambe gauche par exemple). Maintenez la position 2 secondes et relaxez-vous. Répétez le mouvement avec le bras et la jambe opposés. Il est important que le corps reste en contact avec le sol pendant tout l'exercice. Imaginez simplement que vous glissez sur de la glace. Vous devez ressentir un étirement sur le côté du dos et dans le bas du dos du côté de la jambe qui s'étire, avec une contraction douce au niveau du haut du dos et de l'épaule du bras qui s'étire. Faites la même chose mais sur le dos. Posez votre tête sur un coussin et les bras sur deux livres ou coussin (les postures 3 ont beaucoup de mal a tendre les bras au-dessus de la tête).

››› POSTURE 3 PROGRAMME LONG

• PRÉCAUTIONS

Si vous éprouvez des douleurs au niveau de l'épaule du bras qui s'étire changez l'angle d'orientation du bras par rapport au corps, vers l'extérieur plutôt que dans son prolongement.

COMBIEN

• Maintenez chaque étirement 2 secondes et répétez 6 fois en alternant gauche et droite, idem mais sur le dos. N'oubliez pas de souffler pendant l'étirement et d'inspirer lors de chaque transition d'un côté à l'autre.

OBJECTIF

• Cet exercice renforce les petits muscles qui stabilisent chaque vertèbre de la colonne vertébrale. De plus, il permet de recréer le mouvement réciproque entre le haut et le bas du corps qui survient pendant la marche au niveau du bassin, favorisant ainsi une reprogrammation motrice de la stabilisation de cette zone.

E. **ASSIS** sur le bord d'une chaise, en orientant le bassin vers l'avant, cherchez à cambrer. Le dos est bien droit et le torse sorti. Coincez le rouleau entre les genoux. Montez les bras tendus à hauteur des épaules, les paumes vers le ciel et les pouces pointés vers l'arrière. Effectuez de petites pressions dans le rouleau sans perdre la posture du haut du corps. Vous devriez ressentir un travail des muscles du haut du dos entre les omoplates, le long de votre colonne et entre les cuisses au niveau des adducteurs.

PRÉCAUTIONS

• Si l'exercice est trop douloureux au début pour le dos commencez avec moins de répétitions.

COMBIEN

• 2 séries de 10 répétitions avec quelques secondes de récupération entre chaque série.

OBJECTIF

• Cet exercice améliore la stabilisation du bassin et permet un repositionnement correct de celui-ci. Il favorise un renforcement musculaire de tous les muscles responsables de la position érigée de la colonne et fait travailler les muscles responsables de l'ouverture du torse (s'opposant ainsi au mouvement des épaules qui tombent vers l'avant).

››› POSTURE 3 PROGRAMME LONG

F • **ASSIS** sur le bord d'une chaise, en orientant le bassin vers l'avant, cherchez à cambrer. Le dos est bien droit et le torse sorti. Attachez une ceinture au-dessus de l'articulation des genoux. Croisez les doigts et montez les bras en orientant la paume des mains vers le ciel. Suivez les mains du regard avec la tête et les yeux. Poussez simultanément dans la ceinture pour ouvrir les genoux. Maintenez la position 10 secondes et revenez en position initiale. Relâchez un peu votre dos et recommencez. Vous devriez sentir un travail des muscles du haut du dos et de l'abdomen, le long de la colonne vertébrale et sur le côté des fesses. De plus, vous devriez sentir un étirement des muscles devant le cou et de chaque côté de votre dos.

COMBIEN

- **5 fois 10 secondes, en se relaxant quelques secondes entre chaque série.**

OBJECTIF

- **Cet exercice aide à travailler les muscles impliqués dans la stabilisation du bassin ainsi que l'ensemble de la colonne vertébrale. D'autre part, il aide à reprogrammer un positionnement correct de la tête, de la colonne et du bassin en inversant la position que vous tenez « naturellement » lorsque votre posture est de type 3.**

G • **À QUATRE PATTES AU SOL**, coincez le rouleau entre vos pieds. Déplacez les mains vers l'avant afin que vos hanches et vos genoux ne soient plus alignés. Relâchez les abdominaux et laissez la zone lombaire se creuser (se cambrer) vers le bas. Pressez et relâchez doucement le rouleau avec les pieds et les chevilles. Vous devez ressentir une contraction au niveau des hanches et des fesses ainsi qu'une « chaleur » diffuse au niveau du bas du dos (c'est le muscle psoas qui travaille). Entre chaque série relâchez la pression exercée sur le coussin mais gardez le bas du dos relâché (vous devriez ressentir une chaleur plus importante).

COMBIEN

- **2 séries de 10 répétitions avec quelques secondes de repos entre chaque série.**

OBJECTIF

- **Cet exercice favorise un renforcement des muscles profonds de la hanche alors que le bas du dos est relâché en extension. Il permet ainsi une reprogrammation du bassin dans la bonne position.**

››› POSTURE 3 PROGRAMME LONG

H • **DEBOUT,** un élastique dans les mains tenu avec une bonne ouverture, montez les bras tendus au-dessus la tête et, progressivement, descendez derrière. Si vous n'y arrivez pas, écartez un peu plus les mains vers l'extérieur de l'élastique. Arrêtez-vous lorsque la sensation d'étirement est importante. Recommencez en remontant de bas en haut. Cherchez à vous « autograndir » pendant tout l'exercice et à maintenir votre bassin vers l'avant. En effet, le corps aura naturellement tendance à cambrer au niveau de la région lombaire afin de limiter la sensation d'étirement du torse.

COMBIEN

- **Restez en position 20 secondes sur chaque posture (départ du haut et départ du bas) et recommencez deux fois.**

OBJECTIF

- **Cette posture est très importante pour étirer les muscles du torse et des bras. L'élastique permet de mettre en légère tension les muscles fixateurs des omoplates favorisant ainsi un peu le relâchement des muscles du torse (inhibition réciproque). À noter que l'étirement doit progressivement diminuer. S'il augmente, c'est que la tension est trop importante.**

››› POSTURE 3 RÉCAPITULATIF PROGRAMME COURT

››› POSTURE 3 RÉCAPITULATIF PROGRAMME LONG

››› POSTURE 4 & 5 PROGRAMME LONG

A • **ALLONGEZ-VOUS** sur le dos, les jambes en appui sur une chaise ou un autre support. Les hanches et les genoux doivent être alignés. Le rouleau est coincé entre les genoux. Une jambe après l'autre, appuyez le talon (ou le pied) et le mollet contre la chaise comme si vous souhaitiez coller le pied contre la fesse. Gardez une pression douce sur le rouleau. Répétez le mouvement en changeant de jambe. Vous devriez sentir une contraction musculaire au niveau des mollets et de l'arrière de la cuisse de la jambe qui travaille ainsi qu'un mouvement au niveau du bassin.

COMBIEN

- **2 séries de 12 répétitions en alternant chaque jambe sur chaque répétition avec quelques secondes de récupération entre chaque série.**

OBJECTIF

- **Cet exercice favorise un relâchement et une mobilisation douce des muscles profonds du bassin et du bas du dos. À ajouter à votre programme de posture dominante en fonction de vos tests.**

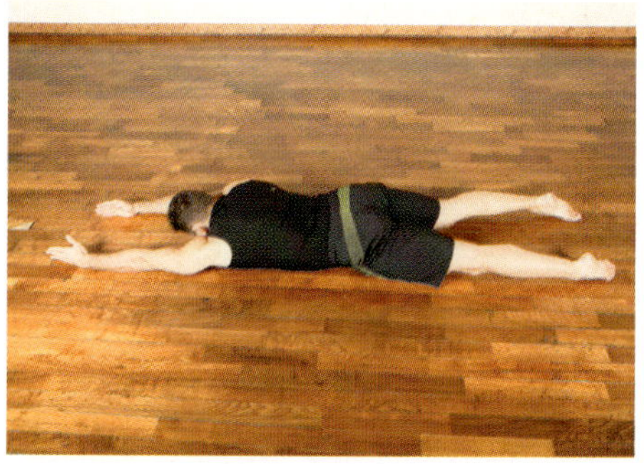

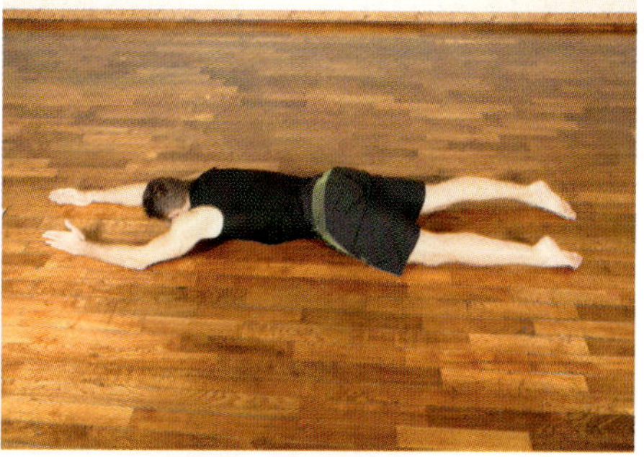

B • **ALLONGÉ** sur le ventre, placez une petite serviette sous votre front pour plus de confort. Les bras sont posés devant vous de part et d'autre de la tête. Les jambes ont la même ouverture que la largeur du bassin. À partir de cette position, étirez un bras le plus loin possible en étirant simultanément la jambe opposée [bras droit et jambe gauche par exemple]. Maintenez la position 2 secondes et relaxez-vous. Répétez le mouvement avec l'autre bras et la jambe opposée. Il est important que votre corps reste en contact avec le sol pendant tout l'exercice. Imaginez simplement que vous glissez sur de la glace. Vous devez sentir un étirement sur le côté et dans le bas du dos de la jambe qui s'étire avec une contraction douce au niveau du haut du dos et de l'épaule du bras qui s'étire.

PRÉCAUTIONS

• **Si vous éprouvez des douleurs au niveau de l'épaule du bras qui s'étire, placez le bras plus vers l'extérieur du corps que dans son prolongement.**

COMBIEN

• **Maintenez chaque étirement 2 secondes et répétez en alternant de gauche à droite 10 fois [soit 5 à droite et à gauche]. N'oubliez pas de souffler pendant l'étirement et inspirez lors de chaque transition d'un côté à l'autre.**

OBJECTIF

• **Cet exercice renforce les petits muscles qui stabilisent chaque vertèbre de la colonne. De plus, il permet de recréer le mouvement réciproque entre le haut et le bas du corps qui survient, pendant la marche, au niveau du bassin. Il favorise ainsi une reprogrammation du schéma moteur de cette zone. À ajouter à votre programme de posture dominante en fonction de vos tests.**

›››

››› POSTURE 4 & 5 PROGRAMME LONG

C • **ALLONGEZ-VOUS** sur le dos avec les genoux fléchis. Les pieds doivent être parallèles ainsi que les hanches. Posez la cheville gauche sur le genou droit. Poussez le genou gauche vers le sol à l'aide des muscles des hanches. Les bras sont sur le côté à hauteur des épaules, les mains orientées vers le ciel. À partir de cette position, descendez doucement le pied gauche à droite vers le sol en pivotant au niveau des hanches. Gardez votre genou gauche poussé vers le bas. Maintenez la posture avant de revenir lentement à la position de départ puis changez.

COMBIEN

• **Maintenez la position pendant 1 minute du côté où votre rotation est limitée. 20 secondes de l'autre côté.**

OBJECTIF

• **Cet exercice étire les muscles profonds des hanches et de la fesse. De plus, la rotation créée au niveau des hanches permet de relâcher les tensions dans le bas du dos. À ajouter à votre programme de posture dominante en fonction de vos tests.**

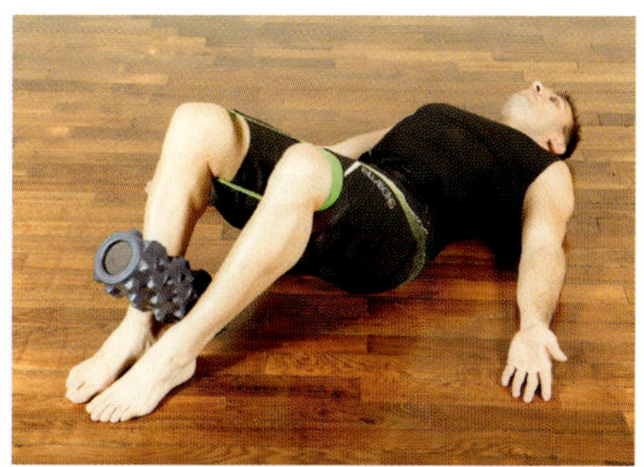

D • **ALLONGÉ** sur le dos, les jambes fléchies placez un mini-élastique au-dessus des genoux. Pieds, genoux et hanches doivent être alignés. Placez le rouleau entre les chevilles. Les bras sont tendus de chaque côté et à hauteur du bassin. Appuyez-les dans le sol. Maintenez cette position pendant que vous poussez et relâchez l'élastique au-dessus des genoux et que vous serrez les chevilles sur le rouleau. Les deux mouvements doivent être simultanés. Vous devriez sentir le travail au niveau des fesses, des adducteurs, du bassin, entre les omoplates et le long du dos.

COMBIEN

- **20 répétitions.**

OBJECTIF

- **Cet exercice active les muscles abducteurs, qui sont très importants dans la stabilisation du bassin et dans la rotation externe du fémur (l'os de la cuisse), ainsi que les muscles adducteurs. Il facilite le bon positionnement de l'articulation sacro-iliaque. À ajouter à votre programme de posture dominante en cas de déséquilibre du bassin ou douleur de hanche et de bassin.**

››› POSTURE 4 & 5 PROGRAMME LONG

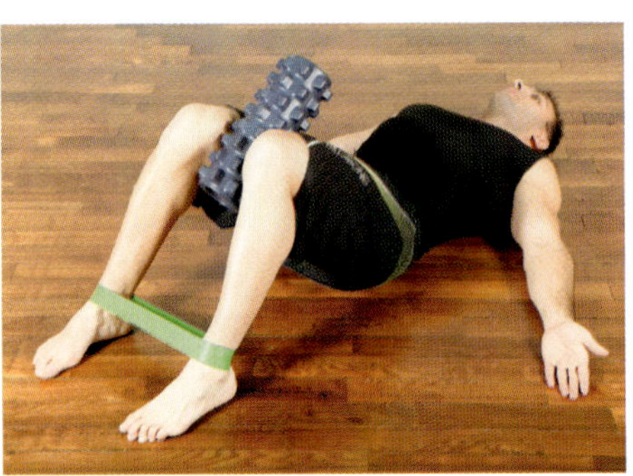

E • MÊME exercice que le précédent. On inverse simplement le rouleau et l'élastique. Allongé sur le dos, les jambes fléchies, placez un coussin entre les genoux. Pieds, genoux et hanches doivent être alignés. Placez l'élastique au niveau des chevilles. Les bras sont tendus de chaque côté et à hauteur du bassin. Appuyez-les dans le sol. Maintenez cette position pendant que vous pressez et relâchez le rouleau entre les genoux et que vous poussez les chevilles dans l'élastique. Les deux mouvements doivent être simultanés. Vous devriez sentir le travail au niveau des fesses, des adducteurs, du bassin, entre les omoplates et le long du dos.

COMBIEN

- **20 répétitions.**

OBJECTIF

- **Cet exercice active les muscles abducteurs, qui sont très importants dans la stabilisation du bassin et dans la rotation externe du fémur (l'os de la cuisse), ainsi que les muscles adducteurs. Il facilite le bon positionnement de l'articulation sacro-iliaque. À ajouter à votre programme de posture dominante en cas de déséquilibre du bassin ou douleur de hanche et de bassin.**

F • **ALLONGÉ** au sol sur le côté droit, les bras devant vous, montez le genou gauche à 90 ° devant vous et pressez le rouleau avec ce genou vers le sol. Sans relâcher la pression du rouleau, pivotez le bras gauche le plus loin possible en accompagnant le mouvement avec la tête. Laissez la gravité faire descendre le bras. Respirez avec le ventre profondément pendant le mouvement et relâchez la tête ainsi que le haut du dos (ne relâchez pas la pression du genou sur le rouleau) au besoin posez-la sur un cousin. Revenez en position lentement avant de changer de côté.

COMBIEN

- **2 fois 1 minute du côté limité et 1 fois 30 secondes de l'autre côté.**

OBJECTIF

- **Cette posture améliore l'habileté de la colonne à bouger de façon indépendante du bassin et des hanches. Le maintien du rouleau en place engage les muscles adducteurs qui aident à stabiliser le bassin et la zone lombaire de la colonne. En conséquence, c'est la région thoracique de la colonne qui est la plus mobilisée. C'est aussi elle qui a le plus besoin de cette mobilité afin de diminuer les compensations de la région lombaire. À ajouter à votre programme de posture dominante en cas de schéma rotatoire avéré d'un côté par rapport à l'autre (épaule plus en avant) et de limitation de rotation d'un côté par rapport à l'autre.**

››› POSTURE 4 & 5 RÉCAPITULATIF PROGRAMME COURT

››› POSTURE 4 & 5 RÉCAPITULATIF PROGRAMME LONG

››› CIRCUIT 1

A • **ALLONGÉ** au sol, face contre terre, prenez appui sur les avant-bras en soulevant le bassin et en étant appuyé soit sur les genoux [niveau débutant], soit sur les pieds [niveau confirmé]. Maintenez la posture le temps indiqué.

La tête, la colonne, le bassin et les jambes doivent rester bien alignés [imaginez que quelqu'un vous tire les cheveux au sommet du crâne].

B • **ALLONGÉ** sur le côté, en appui sur un avant-bras, la tête, la colonne et le bassin doivent être alignés alors que les jambes sont pliées comme en position assise. Montez le corps vers l'avant comme si vous vous leviez d'un fauteuil pour finir le corps bien aligné (imaginez que quelqu'un vous tire les cheveux au sommet du crâne). Restez en appui sur le genou (niveau débutant) ou sur les pieds (niveau confirmé) le temps indiqué. Pensez à garder le corps bien aligné en fin de mouvement.

›››

GAINAGE

››› CIRCUIT 1

C • **ALLONGÉ** sur le dos, les jambes fléchies, contractez les fesses pour monter le bassin (niveau débutant) puis soulevez un pied du sol et ramenez le genou vers la poitrine (niveau confirmé), maintenez la posture le temps indiqué.

COMBIEN

- **Effectuez le circuit d'exercice sans pause.**

Maintien de chaque posture :

- **Niveau débutant : 10x10 secondes sur chaque face.**
- **Niveau intermédiaire : 6x20 secondes sur chaque face**
- **Niveau confirmé: entre 3x30 secondes sur chaque face**

››› CIRCUIT 2

A • **À QUATRE PATTES**, placez la main droite derrière la tête. Montez bien le coude tout en veillant à descendre l'omoplate vers les fesses. Gardez le bassin horizontal et une légère cambrure au niveau des lombaires. Ouvrez la cage thoracique en tirant et en montant le coude vers le ciel. Accompagnez le mouvement avec la tête et le regard tout en inspirant. Une fois votre limite d'amplitude atteinte, ramenez le coude et le haut du corps le plus possible vers l'intérieur, entre les bras et le genou gauche. Soufflez pendant tout le mouvement.

COMBIEN

- **Répétez l'enchaînement entre 6 et 10 fois puis changez de côté.**

›››

GAINAGE

››› CIRCUIT 2

B • **UNE FOIS CE MOUVEMENT MAÎTRISÉ** (généralement après quelques semaines car il n'est pas si simple et nécessite de laisser son ego de côté !), passez à la version avancée, en appui sur un bras et la jambe opposé. Maintenez bien le bassin horizontal et une légère cambrure au niveau lombaire. La jambe gauche est tendue derrière vous. Effectuez le même mouvement que dans la version basique de l'exercice puis changez de côté.

COMBIEN

• **2 séries de 6 à 10 répétitions à droite et à gauche. Prenez quelques secondes de récupération entre les 2 séries.**

››› CIRCUIT 3

Les mouvements qui suivent s'effectuent comme une séquence. Passez d'un exercice à l'autre dans l'ordre indiqué.

›››

››› CIRCUIT 3

A • **EN ÉQUILIBRE SUR LA JAMBE GAUCHE**, les bras tendus sur le côté à hauteur des épaules, paumes tournées vers le ciel, serrez les omoplates. Montez le genou droit le plus haut possible vers la poitrine et « autograndissez-vous ». Tendez la jambe doucement devant vous et contrôlez doucement sa descente. Montez lentement la jambe droite de profil tout en inclinant votre corps vers la gauche. Le but est de créer une étoile avec votre corps. Redressez le torse tout en ramenant la jambe droite vers vous. Inclinez à présent le torse vers l'avant tout en montant doucement la jambe droite en extension derrière vous. Maintenez l'ensemble du corps aligné et faites-le pivoter vers la gauche. Revenez en position. Relâchez-vous quelques secondes et recommencez la séquence entière avec l'autre jambe.

COMBIEN

• **Effectuez la séquence 2 fois en alternant à chaque fois jambe droite et gauche. Il est tout à fait normal de perdre de temps en temps l'équilibre ou de se sentir plus en équilibre d'un côté que de l'autre. Posez le pied au sol pour vous rééquilibrer et recommencez.**

LES RÉPONSES À VOS QUESTIONS

« SI JE N'AI VRAIMENT PAS LE TEMPS AUJOURD'HUI, QUE DOIS-JE FAIRE ? »

Si vous n'avez vraiment pas le temps vous reprendrez le programme le lendemain. Sinon les programmes courts une fois maîtrisés ne prennent que 5 à 6 minutes que vous pouvez vous octroyer. Effectuez vos exercices correctifs du programme long en diminuant le nombre de répétitions ou le temps de chaque posture et/ou le nombre de séries. Si le programme long est vraiment trop long pour vous, effectuez-le 1 à 2 fois par semaine et utilisez quotidiennement le programme court et les mobilisations articulaires dans la journée. Tâchez cependant d'effectuer l'ensemble du programme. Pensez à bien respirer. On a en effet tendance à respirer de façon incomplète lorsqu'on est pressé ou stressé. Prenez ces 5 minutes pour vous ! Il est important que cette excuse « je n'ai pas le temps » ne devienne pas un leitmotiv de votre quotidien. Si vous ne prenez pas le temps aujourd'hui pour votre corps, il se « chargera de le récupérer » plus tard, et souvent quand vous aurez besoin de son plein potentiel !

« JE FAIS DU SPORT, QUAND ET COMMENT DOIS-JE INTÉGRER CE PROGRAMME ? »

Dans le cas de sujets sportifs, je suggère d'effectuer le programme global comme une personne sédentaire : pendant 15 jours, automassages et exercices correctifs. Pendant ce laps de temps n'effectuez rien d'autre. Votre niveau sportif peut vous permettre de doubler ou tripler le nombre de séries, le nombre de répétitions. Idéalement, effectuez le programme pendant la saison creuse ou lors de l'intersaison, lorsque vous vous reposez. Passés les 15 jours, intégrez les exercices de gainage aux automassages et aux exercices correctifs. Vous pouvez, à ce moment-là, réintégrer votre entraînement progressivement. Effectuez les automassages et les exercices correctifs du programme avant votre séance puis intégrez votre échauffement traditionnel (en espérant qu'il soit bien conçu). D'une part, cela vous permettra de travailler sur un corps « aligné », d'autre part la levée des tensions et le réalignement postural vous permettront de dépenser moins d'énergie pour un même geste sportif. Vous serez ainsi plus efficace et limiterez le potentiel de blessures. Vous devez aussi intégrer le programme court (mais de préférence le long) à la fin de l'entraînement afin de rétablir un équilibre corporel perturbé par la pratique sportive (aucun sport, y compris la natation, n'est vraiment équilibrant au niveau musculaire et articulaire). Si le programme court n'est pas possible après l'entraînement, essayez de le programmer 2 ou 3 fois par semaine, les jours de repos ou les jours où votre entraînement est moins chargé. Il est important de bien comprendre, particulièrement pour un sportif, qu'en faire toujours plus n'est pas forcément positif pour le corps et que les stratégies de récupération dont font partie les techniques de ce livre doivent s'intégrer de façon logique dans votre entraînement. Entraînement + récupération = succès.

« LE PROGRAMME ACCENTUE MES DOULEURS OU CRÉE DES DOULEURS, EST-CE NORMAL ? »

Non ! Le programme pour chaque type de posture est censé diminuer les douleurs auxquelles vous devez faire face, y compris les problèmes de hernies discales ou d'arthrose. Si pendant, après ou le lendemain des exercices, vous avez des douleurs aiguës, localisées, « en pointe », c'est que quelque chose est mal exécuté ou qu'un exercice en particulier ne convient pas. Il existe alors plusieurs cas de figure. Si vous ne savez pas quels exercices provoquent la douleur, faites les automassages puis les deux premiers exercices de votre programme. Si le lendemain de la séance vous n'avez pas de douleur cela signifie que les deux premiers exercices ne sont pas en cause. Vous pouvez donc rajouter deux autres exercices du programme chaque jour jusqu'à ce que vous déterminiez lequel est problématique pour vous. Gardez aussi en tête que même si les programmes de ce livre ont été réfléchis et qu'ils représentent la synthèse scientifique de ce qu'il y a de mieux en réhabilitation fonctionnelle, l'observation de votre posture par vous-même et votre manque de vision globale peuvent vous avoir fait choisir un mauvais programme. Montrez ce livre à votre médecin, votre kiné ou votre ostéopathe, l'un d'eux pourra peut-être vous aider grâce à sa plus grande habitude du corps humain.

« J'AI UNE CERTAINE POSTURE DEPUIS DES ANNÉES. EST-IL VRAIMENT POSSIBLE DE L'AMÉLIORER ? »

Oui et non! En effet, certains dégâts subis par votre corps depuis des années à cause de cette posture et de ses compensations peuvent avoir laissé des « traces » impossibles à enlever. Lorsqu'une voiture a une roue crevée, on ne roule pas avec en attendant que la jante touche le sol, on remplace le pneu. C'est la même chose avec votre corps. Même si les progrès que vous pouvez escompter avec une mauvaise posture adoptée depuis des décennies ne sont pas magiques, préférez-vous continuer d'aggraver la situation ou aller vers du mieux ? Je préfère sans conteste allez vers le mieux, même s'il n'est pas optimal.

« COMBIEN DE TEMPS FAUT-IL POUR QUE JE CONSTATE DES PROGRÈS ? »

En appliquant l'ensemble des méthodes et exercices qui sont propres à leur type postural 1 fois par jour pendant 15 jours, la plupart des personnes suivant « ma méthode » se sentent mieux (moins de douleurs, plus d'énergie) après ce court délai. Au bout de 3 mois, les douleurs ont disparu ou sont très atténuées, la posture a visiblement changé. Si on applique la stratégie globale (automassages 3 fois par jour, mobilisations articulaires 3 fois par jour, programme correctif court ou long 2 fois par jour), après un an on se rapproche d'une posture idéale. Si vous ne pouvez pas consacrer le temps nécessaire au changement alors vos progrès seront plus lents. Je vous conseille néanmoins d'effectuer au moins 4 séances par semaine (2 programmes courts et 2 longs). La motivation est en effet fortement liée au résultat qu'on obtient. Et plus les résultats sont rapides plus on a envie de continuer.

« SI CETTE MÉTHODE EST SI RÉVOLUTIONNAIRE, POURQUOI N'EST-ELLE PAS PLUS APPLIQUÉE OU UTILISÉE ? »

D'une part, elle synthétise plusieurs techniques différentes ce qui peut rendre les choses complexes. D'autre part, elle s'appuie sur un facteur humain, c'est-à-dire vous et votre autodiscipline. Or il est parfois, voire souvent difficile de maintenir une discipline hygiénique même si l'on sait ou que l'on a expérimenté que cela était bon pour nous. Lorsqu'on s'écarte du droit chemin, pour différentes raisons, l'important est d'y revenir. Ce type de programme gagne en popularité dans les pays anglo-saxons et deviendra à la mode peut-être dans 5 ou 10 ans. Voulez-vous encore attendre que vos douleurs empirent juste pour être « tendance » ?

« PENDANT COMBIEN DE TEMPS DOIS-JE EFFECTUER MON PROGRAMME ? »

Ce programme doit faire partie intégrante de votre vie. Lorsque vous vous sentez mieux, que votre posture s'est transformée, vous pouvez éventuellement diminuer la fréquence de vos petites séances (2 à 3 par semaine). Puis revenez-y de façon plus régulière si vous sentez que vos douleurs reviennent ou que votre corps bouge de façon moins efficace.

« UNE SÉANCE PAR JOUR EST-ELLE SUFFISANTE COMPTE TENU DU TEMPS QUE JE PASSE ASSIS ? »

Idéalement il faudrait faire deux séances, une le matin et une le soir. Mais nous ne vivons pas dans un monde idéal, n'est-ce pas ? En revanche il existe des petits exercices basiques que l'on peut faire n'importe où : le programme court, les mobilisations articulaires et qui conviennent à tous.

« LES PROGRAMMES DU LIVRE S'ADRESSENT-ILS AUSSI AUX ENFANTS ? »

Oui et non ! Oui car plus on corrige sa posture jeune, plus il est facile de corriger les déséquilibres et compensations qui se forment naturellement. En plus, en proposant cela à des enfants, on leur enseigne une hygiène corporelle fondamentale pour le reste de leur vie. Et non, car souvent les enfants ne comprennent pas la démarche ou ont du mal à se motiver tous seuls. Or, ce type de travail ne doit pas devenir une contrainte qu'on leur impose, sous peine de rejet de leur part. Avec les enfants utilisez les élastiques en pratiquant avec eux sous forme de jeux. Ils adorent également se masser avec le bâton de massage. Les adolescents, qui sont de plus en plus nombreux à souffrir du dos, sont souvent plus réceptifs, surtout si on leur indique qu'une meilleure posture c'est bon pour le look et que les programmes et l'alimentation préconisés dans ce livre permettent de maintenir une belle ligne.

« EST-IL NORMAL QUE LES AUTOMASSAGES SOIENT TRÈS DOULOUREUX ? »

Pendant quelques semaines oui, puis vous devriez avoir de moins en moins mal. Certaines zones compensatoires du corps peuvent rester douloureuses au massage très longtemps, particulièrement si vous êtes sportif. Gardez aussi en tête que les automassages dont on parle dans ce livre agissent comme un disjoncteur : la forte pression sur les tissus induit un relâchement des tensions pour éviter la douleur. Ce type de massage diffère grandement des massages relaxants qui ont leurs propres vertus mais qui demandent surtout l'aide d'une autre personne, ce qui nous rend « dépendants ». Il est aussi possible que les automassages provoquent des courbatures le lendemain ou le surlendemain, surtout lors des premières utilisations. Ces courbatures indiquent que pour le moment la pression que vous exercez est trop importante pour vos tissus. Diminuez donc la pression lors de vos prochains automassages afin d'éviter ce problème.

LES RESSOURCES UTILES

www.christophe-carrio.com

Pour accéder à mon forum, me poser des questions sur vos postures ou sur les programmes du livre ou pour en savoir plus sur le CTS.

La boutique de mon site est également disponible pour vos procurer le matériel du programme du livre.

Vous trouverez également sur mon site des articles gratuits ainsi que des informations sur les stages et formations que j'organise.

www.youtube.com/user/christophecarrio

Ma chaîne de vidéos gratuites. Vous y découvrirez en vidéo des exercices et circuits de ce livre, des conseils d'entraînement du CTS et des exemples de séance de sport cohérente pour l'équilibre des chaînes musculaires.

www.lanutrition.fr

Les recherches sur la santé et l'alimentation vont très vite aussi, il est donc important de se tenir informé sur les dernières découvertes. Ce site est probablement le plus en avance sur le sujet.

BIBLIOGRAPHIE

OUVRAGES

ARCHER P. : *Therapeutic Massage in Athletics.* Lippincott, Williams & Wilkins, 2007.

CARRIO C. : *Un corps sans douleur.* 1ère ed., Thierry Souccar Editions, 2008.

CHAITOW L., WALKER-DELANY J. : *Clinical Application of Neuromuscular Techniques, Vol.* 1. The Upper Body, Elsevier Limited, 2000.

CHAITOW L., WALKER-DELANY J.: *Clinical Application of Neuromuscular Techniques, Vol.* 2. The Lower Body, Elsevier Limited, 2002.

COOK G. : *Mouvement.* on target publications, 2011.

DAVIES C. : *The Trigger Point Therapy Workbook: Your Self-Treatment Guide For Pain Relief.* 2nd ed, New Harbinger Publications Inc., 2004.

MULLIGAN B. R. : *Manual Therapy "NAG´s", "SNAG´s", "MWM´s", etc.* Plane View Services, 2004.

MYERS T. : *Anatomy Trains.* 2nd ed., Churchill Livingstone, 2008.

SAHRMANN S. : *Diagnosis and Treatment of Movement Impairment Syndromes.* Elsevier Edition, 2001.

SCHMIDT R. : *Motor Learning and Performance 4th ed.* Human Kinetics, 2008.

ARTICLES

KONSTANTINOU K., FOSTER N., RUSHTON A., BAXTER D. : « *The use andreported effects of mobilization with movement techniques in low back pain management; a cross-sectional descriptive survey of physiotherapists in Britain* ». Manual Therapy 7, 2002 : 206-14.

HUBBARD T. J., HERTEL J. : « *Anterior positional fault of the fibula after sub-acute lateral ankle sprains* ». Manual Therapy, 13:63-7, 2008.

BISSET L. ET AL. : « *Mobilization with movement and exercise, corticosteroid injection, or wait and see for tennis elbow: randomised trial* ». BMJ, 2006;333:939.

YANG JI ET AL. :« *Mobilization Techniques in Subjects With Frozen Shoulder Syndrome: Randomized Multiple-Treatment Trial* ». Physical Therapy, 2007; 87:1307-15.

REID SA ET AL. : « *Sustained natural apophyseal glides (SNAGs) are an effective treatment for cervicogenic dizziness* ». Manual Therapy, 2008;13:357-66.